घर बैठे सौंदर्य उपचार

(दूध, दही, फल, सब्ज़ियों, मसालों एवं सर्वत्र उपलब्ध वनस्पतियों (जड़ी-बूटियों) द्वारा सफल सौंदर्य उपचार)

अपर्णा मजूमदार
डॉ. एम. के. मजूमदार

वी एण्ड एस पब्लिशर्स

प्रकाशक

वी एण्ड एस पब्लिशर्स

F-2/16, अंसारी रोड, दरियागंज, नई दिल्ली-110002
☎ 23240026, 23240027 • फैक्स: 011-23240028
E-mail: info@vspublishers.com • Website: www.vspublishers.com

क्षेत्रीय कार्यालय : हैदराबाद
5-1-707/1, ब्रिज भवन (सेन्ट्रल बैंक ऑफ इण्डिया लेन के पास)
बैंक स्ट्रीट, कोटी, हैदराबाद-500 095
☎ 040-24737290
E-mail: vspublishershyd@gmail.com

शाखा : मुम्बई
जयवंत इंडस्ट्रिअल इस्टेट, 1st फ्लोर-108, तारदेव रोड
अपोजिट सोबो सेन्ट्रल, मुम्बई - 400 034
☎ 022-23510736
E-mail: vspublishersmum@gmail.com

BUY OUR BOOKS FROM: AMAZON FLIPKART

ISBN 978-93-814487-6-2

संस्करण 2020

अपनी बात

कृत्रिम और रासायनिक सौंदर्य प्रसाधन हमारे परंपरागत सौंदर्य के नुस्खों को निगलते जा रहे हैं। ऐसे प्रसाधन सौंदर्य को निखारने के बजाय, उसे बिगाड़ देते हैं। लुभावने विज्ञापनों के शब्द-जाल में फंसकर स्त्रियां कृत्रिम सौंदर्य प्रसाधन का इस्तेमाल तो कर लेती हैं, मगर नियमित इस्तेमाल के बाद अपने बिगड़े सौंदर्य को देखकर अफसोस करती हैं कि काश, इन्हें इस्तेमाल न किया होता। आपको आश्चर्य होगा कि भारत की विश्व-भर की सौंदर्य प्रतियोगिताओं में अपने सौंदर्य का डंका बजाने वाली सुंदरियां कृत्रिम सौंदर्य प्रसाधनों का इस्तेमाल करने की बजाय परंपरागत सौंदर्य के नुस्खे ही इस्तेमाल करना अधिक पसंद करती हैं।

आज विभिन्न पत्र-पत्रिकाओं में सौंदर्य के घरेलू नुस्खे इन्हें अवश्य आजमाएं... जैसे शीर्षकों से लेख प्रकाशित किए जा रहे हैं, किंतु अधिकतर सौंदर्य के नुस्खे आधी-अधूरी जानकारी के साथ सामने आते हैं। नुस्खों में इस्तेमाल किए जाने वाले फल, सब्जियों और मसालों की मात्राएं नहीं दी होती हैं। इन्हें कब लगाया जाए, कितनी देर तक लगाकर रखा जाए, सप्ताह में कितनी बार लगाया जाए तथा कितने दिनों में लाभ मिलेगा, इस बारे में कोई जानकारी नहीं होती। सिर्फ नुस्खों का इस्तेमाल करने से ही पूरी तरह से लाभ मिल जाएगा, ऐसा नहीं है। इसके लिए सही खानपान और बचाव की भी आवश्यकता होती है।

इस पुस्तक में सौंदर्य संबंधी समस्या उत्पन्न होने के कारण, बचाव के लिए सावधानियां, सही खानपान तथा सौंदर्य की देखभाल के नुस्खे

दिए गए हैं। साथ ही फल-सब्जियों और मसालों में पाए जाने वाले तत्वों का भी वर्णन है तथा यह तत्व किस तरह से त्वचा पर प्रभाव डालते हैं, इसकी भी जानकारी दी गई है।

इस पुस्तक को संपूर्ण बनाने में प्रसिद्ध आयुर्वेद चिकित्सक डॉ. सुनंदा सेठी का अमूल्य सुझाव तथा मार्ग-दर्शन प्राप्त हुआ है, हम इनके आभारी हैं।

दिल्ली   –अपर्णा मजूमदार
                                         –डॉ. एम. के. मजूमदार

अंदर के पृष्ठों में

डार्क सर्कल

आंखों के इर्द-गिर्द काले निशान (डार्क सर्कल) और झुर्रियां पड़ जाने पर सुंदर-से-सुंदर चेहरे और झील-सी गहरी आंखों का आकर्षण खत्म हो जाता है। आंखों के ऊपर व नीचे की त्वचा चेहरे के अन्य हिस्सों की अपेक्षा काफी पतली व नाजुक होती है। आंखों के नीचे मॉइश्चराइजर ग्लैंड नहीं होती, इसलिए इस हिस्से पर उम्र, तनाव व लापरवाही का प्रभाव शीघ्र पड़ता है। आंख चेहरे का सबसे महत्वपूर्ण हिस्सा है। थोड़ी सी लापरवाही आंखों के सौंदर्य को खराब कर सकती है। डार्क सर्कल ऐसी ही एक समस्या है

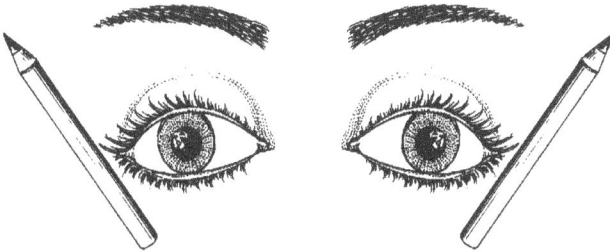

डार्क सर्कल उत्पन्न होने के कारण

शरीर में खून की कमी, यूरीन इंफेक्शन (पेशाब का संक्रमण), कुपोषण, अनिद्रा, डायटिंग, कब्ज, थकान, नींद पूरी न होना, देर रात तक जागना, अति मैथुन, मानसिक तनाव, चिंता, शक्ति से अधिक शारीरिक श्रम करना, अपर्याप्त रोशनी में काम करना या पढ़ना, लंबी बीमारी, एंटी-बॉयटिक दवाओं का अधिक व नियमित इस्तेमाल करना, गहरा मेकअप करना, धूम्रपान या मादक द्रव्यों का इस्तेमाल करना, आनुवंशिकता आदि कारणों

से आंखों के नीचे डार्क सर्कल उत्पन्न हो जाते हैं। किसी-किसी महिला को प्रसव के बाद हार्मोनों की गड़बड़ी के कारण भी डार्क सर्कल की समस्या उत्पन्न हो जाती है।

इन बातों पर ध्यान दें–

✦ आंखों के स्वास्थ्य एवं सुंदरता के लिए, कम से कम आठ घंटे अवश्य सोना चाहिए। इसलिए नींद पूरी लें।

✦ अधिक सोना भी आंखों के सौंदर्य के लिए हानिकारक होता है। अतः आवश्यकता से अधिक नहीं सोना चाहिए।

✦ अधिक तेज या कम रोशनी में लिखाई-पढ़ाई या अन्य काम न करें।

✦ अधिक देर तक लगातार टी.वी. देखने से आंखों के स्वास्थ्य व सौंदर्य पर प्रभाव पड़ता है।

✦ धूल, धूप, धुआं, तेज रोशनी, घटिया सौंदर्य सामग्री आदि से आंखों को बचाएं।

✦ लेटकर या झुककर पुस्तक न पढ़ें। इससे आंखें प्रभावित होती हैं। हमेशा रीढ़ की हड्डी को सीधे रखकर पुस्तक पढ़ें। रीढ़ की हड्डी को सीधा रखने के लिए कुर्सी पर सीधा बैठें। अधिक नजदीक या अधिक दूरी पर पुस्तक रखकर पढ़ने से भी आंखों पर बुरा असर पड़ता है। मंद प्रकाश, चलती बस या ट्रेन में पुस्तक न पढ़ें।

✦ अधिक हिंसा, बीभत्स, भयानक व तनाव वाली फिल्में न देखें। ये आंखों पर गलत प्रभाव डालती हैं।

✦ चिंता, मानसिक तनाव, क्रोध से बचें। यह भी आंखों के सौंदर्य को नष्ट कर देते हैं।

✦ धूम्रपान आंखों के सौंदर्य के लिए हानिकारक होता है। लगातार धूम्रपान से आंखों के नीचे झुर्रियां व कालापन आ जाता है।

✦ इलेक्ट्रिक हेयर ड्रायर का लगातार इस्तेमाल करने से तथा बार-बार खिजाब लगाने से आंखों का सौंदर्य प्रभावित होता है।

- खुशी हो या ग़म, आंसुओं को रोकें नहीं, बह जाने दें। आंसुओं को रोकने से आंखों का सौंदर्य नष्ट होता है।

- दिनभर में आठ-दस गिलास पानी अवश्य पिएं। पानी शरीर की गंदगी को साफ करता है तथा आंतरिक कोशिकाओं की आर्द्रता को बनाए रखता है।

- लगातार उपवास या डायटिंग करने से आंखों का सौंदर्य बिगड़ जाता है।

- आंखों के आस-पास गहरा मेकअप न करें। इससे आंखों के आस-पास की कोमल त्वचा के स्टोमेटा (रंध्र) बंद हो जाते हैं, जिससे त्वचा को पर्याप्त मात्रा में पोषण व ऑक्सीजन नहीं मिल पाती है।

- आंखों के आस-पास ब्लीच न कराएं। इससे आंखों की कोमल त्वचा लटक जाती है।

- आंखों के नीचे की त्वचा काफी नाजुक होती है। इसलिए आंखों के नीचे मसाज न करें। मसाज करने से वहां की त्वचा ढीली होकर लटक जाती है।

- आंखों के सौंदर्य को बनाए रखने के लिए अपने आहार में विटामिन 'ए' व 'डी' युक्त खाद्य पदार्थ, हरी सब्जी, सलाद, ताजे फल, दूध, दही, पनीर अंकुरित खाद्यान्न आदि शामिल करें।

- आंखों के आस-पास फेस पैक या फेस मास्क न लगाएं।

- पढ़ाई लिखाई या बारीक काम करते वक्त हर आधे घंटे बाद 5 मिनिट आंखें बंद कर उन्हें विश्राम दें।

- आंखों के आस-पास डार्क सर्कल न हो, इसलिए अपने भोजन में विटामिन-सी अवश्य लें।

- डार्क सर्कल होने लगें तो तुरंत समुचित उपाय करें।

डार्क सर्कल दूर करने के उपाय

- आलू को पीसकर पतले कपड़े में रखकर पोटली जैसा बना लें। इसे आंखों के नीचे हलके हाथों से मलें। आलू में पाया जाने वाला

एंजाइम डार्क सर्कल को दूर करता है। यह प्रयोग नियमित कर सकते हैं।

✦ एक चम्मच गुलाबजल, एक चम्मच ककड़ी का रस अच्छी तरह से मिला लें। इसे रुई के फाहे से आंखों के नीचे लगाएं। गुलाबजल और ककड़ी में पाए जाने वाले तत्त्व कैल्शियम, फास्फोरस, आयरन, मैग्नीशियम, विटामिन 'सी', विटामिन 'ई' आदि तत्त्व डार्क सर्कल को दूर कर देते हैं तथा त्वचा को पोषण देकर आंखों को सुंदर बनाते हैं।

✦ एक चम्मच खीरे का रस, चार बूंद शहद, चार बूंद आलू का रस, चार बूंद बादाम का तेल अच्छी तरह मिला लें। रुई के फाहे से आंखों के डार्क सर्कल पर लगाएं। यह प्रयोग डार्क सर्कल दूर करने के लिए काफी लाभदायक होता है। खीरा, शहद, आलू और बादाम में पाए जाने वाले तत्त्व डार्क सर्कल को दूर कर देते हैं।

✦ पुदीना की कोमल पत्तियों को बारीक पीस लें। इस पेस्ट को आंखों के डार्क सर्कल पर लगाएं, पुदीना की पत्तियों में अधिक मात्रा में कैल्शियम, फास्फोरस, आयरन, विटामिन 'ए' आदि तत्त्व पाए जाते हैं। यह उपाय नियमित करने से डार्क सर्कल की समस्या दूर हो जाती है।

✦ रात को एक बादाम दूध में भिगोकर रखें। सुबह उठकर बादाम को घिस लें। इसे आंखों के डार्क सर्कल पर लगाएं। सूख जाने पर पानी से साफ कर लें। बादाम में प्रोटीन, विटामिन, खनिज पदार्थ, कैल्शियम, मैग्नीशियम, आयरन, फास्फोरस आदि पर्याप्त मात्रा में पाए जाते हैं, जो त्वचा के कालेपन को ब्लीच करके साफ कर देते हैं। यह प्रयोग नियमित करने से डार्क सर्कल की समस्या उत्पन्न नहीं होती है।

✦ खीरे को काटकर घिसने से जो झाग निकलता है, उस झाग को डार्क सर्कल पर लगाने से डार्क सर्कल दूर होते हैं। इस झाग में एक प्रकार का एंजाइम पाया जाता है, जो कालेपन को दूर कर देता है।

✦ तुलसी के पत्तों को अच्छी तरह पीसकर आंखों के नीचे लगाएं। पंद्रह मिनट बाद ठंडे पानी से साफ कर लें। तुलसी के पत्तों में

पाए जाने वाले तत्त्व डार्क सर्कल को दूर करने में सहायक होते हैं। इसे नियमित कर सकते हैं।

✦ एक चम्मच टमाटर का रस, दो बूंद नीबू के रस में मिलाकर डार्क सर्कल पर लगाएं। दस मिनट बाद ठंडे पानी से साफ कर लें। टमाटर और नीबू में विटामिन 'ए', 'सी', कैल्शियम, पोटेशियम फास्फोरस, आयरन आदि तत्त्व पाए जाते हैं। टमाटर में पाया जाने वाला लाइकोपिन नामक तत्त्व फ्री रेडीकल्स को समाप्त करता है, त्वचा में निखार लाता है और कालेपन को दूर करता है। यह प्रयोग भी नियमित कर सकते हैं।

✦ आधा चम्मच शहद में दो-तीन बूंद संतरे का रस मिलाकर डार्क सर्कल पर लगाएं। 10-15 मिनट बाद पानी से साफ कर लें। शहद और संतरे में पाए जाने वाले तत्त्व डार्क सर्कल को दूर कर देते हैं तथा यहां की त्वचा को साफ बनाते हैं। यह प्रयोग नियमित कर सकते हैं। संतरा न होने पर मौसमी या नीबू का रस मिलाया जा सकता है।

✦ चाय की पत्ती को पानी में उबालकर छान लें। गुनगुने पानी से आंखों के नीचे सेक करें।

✦ बादाम रोगन की मालिश डार्क सर्कल को दूर करने में विशेष फायदेमंद है। मालिश हमेशा अन्दर से बाहर की ओर करें।

✦ एक रूमाल में जौ का आटा व चंदन पाउडर समान मात्रा में मिला लें। अब इसे बांध दें। पोटली को गुलाबजल में भिगोकर डार्क सर्कल पर रखें और 15 मिनिट आंखें मूंद कर लेट जाए। नियमित प्रयोग से डार्क सर्कल खत्म हो जाएंगें।

थकी आंखों के लिए उपाय

✦ आंखें थकी हुई महसूस होने पर, आंखें बंद करके कुछ देर के लिए लेट जाएं। इससे आंखों की कोशिकाओं व तंत्रिकाओं को आराम मिलेगा और आंखों की थकान दूर होगी।

- गर्मी के दिनों में आंखें थकी होने पर, बर्फ के टुकड़ों को किसी कपड़े में लेकर आंखों पर रखें। इससे आंखों की लालिमा दूर होगी। बर्फ आंखों की त्वचा और मांसपेशियों में संकोचन उत्पन्न कर रक्त प्रवाह को तेज कर देती है, जिससे आंखों की थकान दूर हो जाती है।

- रुई के फाहे में गुलाबजल लेकर थकी आंखों पर रखें। 5-10 मिनट तक शांति से लेट जाएं। इससे थकी आंखों को काफी राहत मिलेगी। गुलाबजल में पाए जाने वाले तत्त्व आंखों की थकान दूर करने के साथ-साथ आंखों को ऊर्जावान भी बनाते हैं।

- खीरे को गोलाइयों में काटकर थकी आंखों पर रखने से आंखों को राहत मिलती है। खीरे में पाए जाने वाले तत्त्व आंखों की थकान को शीघ्र दूर कर देते हैं। यह आंखों की त्वचा के लिए भी काफी लाभदायक होता है।

- एक गिलास पानी में एक मुठ्ठी त्रिफला पाउडर डालकर काली मिट्टी के बर्तन में रात को रख दें। सुबह पानी को छानकर उससे आंखें धोएं। थकी आंखों को आराम मिलेगा। नेत्र ज्योति भी बढ़ेगी।

- हरे धनिए को पीसकर उसका एक बूंद रस आंखों में डालें। आंखों की थकान दूर होगी।

भौंहों का सौंदर्य

भौंहें सौंदर्य व व्यक्तित्व की परिचायक होती हैं। बेतरतीब ढंग से फैले हुए भौंहों के बाल चेहरे के आकर्षण को खत्म करते हैं। भौंहों को सही आकार देकर चेहरे के आकर्षण को बढ़ाया जा सकता है।

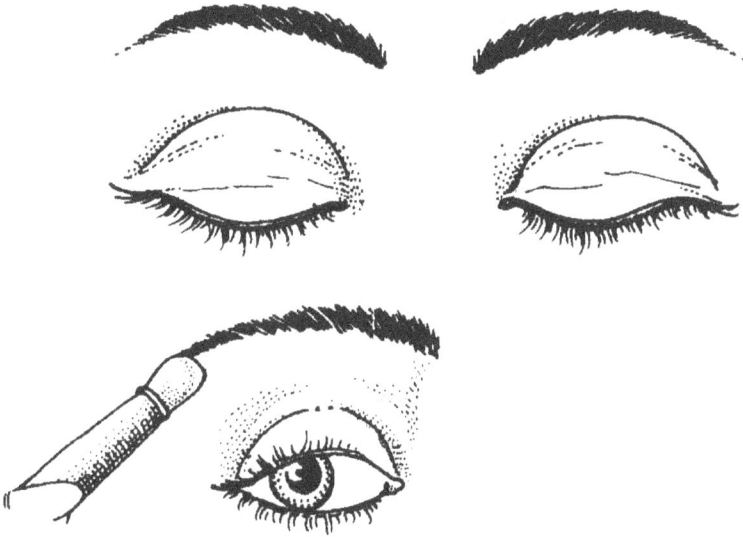

शारीरिक सौंदर्य के प्रतिमान हर युग में समय के साथ बदलते रहे हैं, किन्तु सपनीली कजरारी आंखें हर युग में सौंदर्य-बोध का जीवन्त माप-दंड रही हैं। शाश्वत सौंदर्य की प्रतीक आंखों के आकर्षण में अभिवृद्धि करने में सुन्दर तराशी हुई भौंहों का महत्वपूर्ण योगदान होता है।

इन बातों का ध्यान रखें

✦ यदि आपकी भौंहें प्राकृतिक रूप से सुंदर व धनुषाकार हैं, तो उनसे छेड़छाड़ न करें।

✦ भौंहों को सही आकार देने के लिए, थ्रेडिंग तथा ट्वीजर दो विधियां हैं।

✦ थ्रेडिंग विधि में भौंहों को आकार देकर धागे की सहायता से अनावश्यक बालों को खींचकर निकाला जाता है।

✦ दूसरी विधि, ट्वीजर में चिमटी की सहायता से बालों को खींचकर निकाला जाता है और भौंहों को आकार दिया जाता है।

✦ भौंहों को आकार देने से पहले, भौंहों को गुनगुने पानी से धो लें। फिर रोएंदार तौलिए से सुखा लें। इससे त्वचा कोमल हो जाएगी और बाल उखाड़ने (निकालने) पर तकलीफ भी कम होगी।

✦ भौंहों के बाल उखाड़ने के बाद उस स्थान पर बर्फ के टुकड़े रगड़ने से दर्द कम होगा और सूजन भी नहीं आएगी।

✦ भौंहों के पूरे बाल उखाड़कर नकली भौंहें न बनाएं। यह देखने में काफी भद्दी लगती हैं।

✦ यदि आपकी दोनों आंखों के बीच का फासला अधिक है तो भौंहें कुछ पास रखे। इसी तरह आंखें पास-पास हों तो भौंहों का अंतर बढ़ा दें।

✦ आपकी भौंहें ठीक वहीं से शुरू होनी चाहिए, जहां से आपकी आंखें, और आकार देते हुए धीरे-धीरे पतला करते हुए आंख की बाहरी कोट से जरा-सा आगे तक ले जाएं। दोनों भौंहों के बीच कम से कम दो अंगुल जगह अवश्य छोड़े।

भौंहों के सौंदर्य के लिए उपाय

✦ भौंहों को घना बनाने के लिए रुई के फाहे को गुनगुने पानी में भिगोकर भौंहों पर लगाएं। इसके बाद हलके हाथों से भौंहों पर

मालिश करें। 10 मिनट तक ऐसा करें। इससे भौंहों की त्वचा पर तेजी से रक्त संचार होता है और भौंहें घनी व सुंदर होती हैं।

✦ भौंहों पर नियमित रूप से जैतून का तेल मलें। जैतून के तेल में पाए जाने वाले तत्त्व भौंहों को पोषण देकर उन्हें काली और घनी बनाते हैं।

✦ भौंहों पर बादाम का तेल नियमित रूप से लगाने पर भौंहों का आकर्षण बढ़ता है। भौंहें सुंदर, काली व घनी बनती हैं। बादाम का तेल भौंहों को सही पोषण देता है, जिससे भौंहें सुंदर बन जाती हैं।

✦ दो बूंद बादाम रोगन में दो बूंद शहद मिलाकर भौंहों पर नियमित लगाएं। बादाम रोगन व शहद भौंहों की जड़ों को अच्छा पोषण देकर भौंहों को सुंदर, काली व घनी बनाते हैं।

✦ भौंहों की वृद्धि कम होने पर सप्ताह में दो बार भौंहों पर अंडे की जर्दी लगाएं। अंडे की जर्दी में पाया जाने वाला सेलेनियम भौंहों को पोषण देकर उनकी वृद्धि करता है। यह प्रयोग कम से कम एक माह तक करें। आपको लाभ दिखाई देगा।

✦ पलकों पर आई-शैडो का प्रयोग करने से भौंहें और अधिक आकर्षक हो उठती हैं।

✦ प्लकिंग से भौंहों के बाल उखाड़ने के पश्चात उस स्थान पर अच्छी किस्म की एन्टीसेप्टिक क्रीम अवश्य लगा लें।

✦ यदि भौंहों के बाल छितरे-से हों तो आई-ब्रो पैंसिल की मदद से उन्हें घना बनाया जा सकता है।

होंठों का सौंदर्य

होंठों की संरचना अत्यंत नाजुक व महत्वपूर्ण होती है। होंठ शरीर का ऊपरी आवरण नहीं है, बल्कि यह अंदरूनी आवरण है। होंठ का गुलाबी हिस्सा ग्लूकोसा (श्लेष्मा) होता है, जिसकी वजह से होंठ गुलाबी दिखाई देते हैं। होंठों में शरीर की त्वचा की भांति स्वेद ग्रंथियां नहीं होतीं। होंठों में ऑयल या फैट उत्पन्न करने वाली सिबेशिया ग्रंथि भी नहीं होती है। होंठो को शरीर का सर्वाधिक सरस, कोमल तथा मधुर अंग माना गया है। महाकवि कालिदास ने अधरों को 'प्रेम का सर्वस्व' कह कर सम्बोधित किया है।

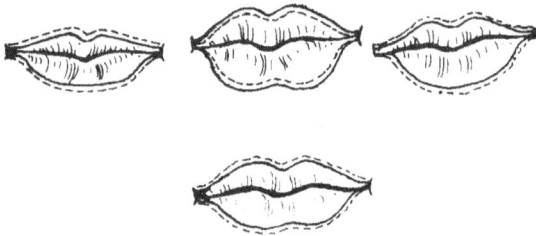

होंठों के कई महत्वपूर्ण कार्य हैं। चूसना होंठों का सबसे पहला काम है। शिशु अपनी मां के स्तन को चूसकर दूध पीता है। होंठों का दूसरा काम है मुंह से श्वास लेते समय कोई अवांछित तत्त्व मुंह के अंदर जाने से रोकना। होंठ किसी वस्तु के तापमान को बहुत अच्छी तरह पहचानते हैं। जिस तापमान वाली वस्तु शरीर के लिए ग्रहण करने योग्य है, होंठ उसे स्वीकार कर लेते हैं, अन्यथा अस्वीकार कर देते हैं। होंठ बातचीत करने में मुख्य भूमिका निभाते हैं, स्वर तंत्र, जीभ तथा होंठ मिलकर शब्दों का उच्चारण करने में सहायता करते हैं। शब्दों के उच्चारण होंठों के खुलने व बंद करने पर निर्भर होते हैं। होंठों के कंपन सही न होने

पर उच्चारण गलत होता है। होंठ आनंद व अनुभूति भी प्रदान करते हैं। यौन साहचर्य में होंठ विशेष भूमिका निभाते हैं। इन सभी कार्यों को करने के लिए होंठों में आर्षीक्यूलरीज ओरिस नामक मांसपेशी सक्रिय होती है।

नारी के आकर्षण में होंठों का विशेष महत्त्व है। प्राकृतिक सौंदर्य वाले होंठ, नारी के चेहरे की सुंदरता में चार चांद लगाते हैं। जिनके होंठ जितने नाजुक, मुलायम, सुंदर व सुर्ख होते हैं, उनका चेहरा उतना ही खिला-खिला व निखरा हुआ लगता है। कवियों ने होंठों की तुलना गुलाब की पंखुड़ियों से की है। किसी मनचले ने होंठों की तुलना संतरे की फांक से की है। होंठों के प्रति की गई असावधानी व लापरवाही होंठों के सौंदर्य को नष्ट कर देती है। होंठों की प्राकृतिक सुंदरता को बनाए रखने के लिए विशेष सतर्कता और सावधानी रखें।

इन बातों का ध्यान रखें

- दो-तीन प्रकार की लिपस्टिक मिलाकर होंठों पर न लगाएं। ऐसा करने से होंठों का सौंदर्य बिगड़ जाता है।
- लिपस्टिक को रगड़-रगड़ कर न उतारें। ऐसा करने से होंठों का आकार बिगड़ जाता है तथा उनकी सुंदरता नष्ट हो जाती है।
- होंठों को जीभ से चाटते रहने से भी होंठों की त्वचा प्रभावित होती है, जिससे होंठों का सौंदर्य बिगड़ जाता है।

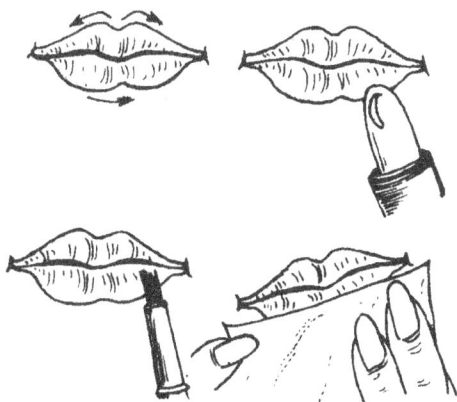

- होंठों को दांतों के बीच लाकर दबाने तथा होंठों को मुंह के अंदर खींचते रहने से भी होंठों का सौंदर्य नष्ट हो जाता है।
- यदि आपके पति चुंबन लेते समय आपके होंठों को मुंह में लेकर खींचते हैं, तो उन्हें ऐसा करने के लिए मना करें। ऐसा करने से होंठों का आकार बिगड़ जाता है।
- क्रोध में आकर अपने होंठों को दांतों के बीच लाकर काटने से होंठों का आकर्षण नष्ट हो जाता है।
- बहुत गर्म चाय, कॉफी, दूध के कप, गिलास आदि होंठों से लगाने से होंठों की सुंदरता व कोमलता नष्ट हो जाती है।
- पिन, क्लिप, पेन, पेंसिल आदि चीजें मुंह में डालकर बैठे रहने से होंठों की कोमल त्वचा प्रभावित होती है।
- धूम्रपान करने से होंठ अपनी प्राकृतिक सुंदरता व कोमलता खो देते हैं।
- दांतों से नाखून चबाने की आदत होंठों को नुकसान पहुंचाती है।
- मुंह में अंगूठा डालकर चूसते रहने से निचला होंठ मोटा व बड़ा हो जाता है।
- होंठों पर हमेशा लिपस्टिक लगाए रखने से भी होंठों की प्राकृतिक सुंदरता नष्ट हो जाती है।
- रात को होंठों पर लिपस्टिक लगाकर सोने से होंठों की सुंदरता शीघ्र नष्ट हो जाती है।
- मुड़े हुए ब्रिसल वाले ब्रुश से दांत साफ करने से होंठ प्रभावित होते हैं।
- दूसरों के द्वारा इस्तेमाल की गई लिपस्टिक या लिपस्टिक ब्रुश का इस्तेमाल न करें। इससे श्वास, गला, त्वचा, मुख व होंठों का संक्रमण होने का भय रहता है।
- जोश या खुशी में आकर जहां-तहां न चूमें। इससे होंठों पर संक्रमण होने की संभावना रहती है।

होंठों की सुंदरता के लिए उपाय

- प्रतिदिन होंठों पर कच्चा दूध लगाने से होंठ सुंदर बने रहते हैं। दूध में पाए जाने वाले तत्त्व कैल्शियम रेटिनॉल, लैक्टोज आदि होंठों की त्वचा को पोषण देकर होंठों की चमक को बनाए रखते हैं।
- खीरे की फांक, संतरे की फांक, मौसमी की फांक (इनमें से कोई एक) होंठों पर नियमित रगड़ने से होंठों की त्वचा सुंदर व मुलायम बनती है। यह उपाय होंठों को ठंडक भी प्रदान करता है। गर्मी के दिनों में इसका इस्तेमाल करने से होंठों की प्राकृतिक सुंदरता बनी रहती है।
- एक चम्मच दूध-मलाई, इसमें दो-तीन बूंद नीबू का रस मिलाकर हलके हाथों से होंठों पर मलें, इससे होंठ सुंदर व कोमल बने रहेंगे। दूध-मलाई अच्छे किस्म का क्लिंजर है तथा इसका मॉइश्चराइजर गुण होंठों को मुलायम बनाता है।
- रात को सोते वक्त होंठों पर जैतून का तेल या शुद्ध नारियल का तेल लगाने से होंठ मुलायम बने रहते हैं। जैतून या नारियल के तेल में पाए जाने वाले तत्त्व होंठों की त्वचा को मुलायम व सुंदर बनाते हैं।
- गुलाब की ताजी पंखुड़ियां तथा मक्खन मिलाकर होंठों पर लगाने से होंठ चिकने व सुर्ख बने रहते हैं। मक्खन में पेराएमिनो बेंजाइक एसिड तथा गुलाब की पंखुड़ियों में विटामिन 'बी-5' तथा विटामिन 'ई' पाया जाता है, जो होंठों को चिकना व सुर्ख बनाते हैं।
- मक्खन में उच्च गुणवत्ता की केसर मिलाकर लगाने से होंठ कोमल व गुलाबी बनते हैं। सूखे होंठों पर नियमित रूप से शहद का लेप करने से उनकी खुश्की दूर हो जाती हैं।

होंठों का कालापन

होंठों का कालापन नारी की मोहकता पर ग्रहण लगाता है। होंठों के काले होने के कई कारण हैं। होंठों की उचित देखभाल न करना, घटिया व सस्ती किस्म की लिपस्टिक का इस्तेमाल करना, एलोपैथिक दवाइयों का दुष्प्रभाव (रिएक्शन), धूम्रपान, आनुवंशिकता, संक्रमण, पेट में कृमि होना, हृदय रोग, कुपोषण, सुजाक की शिकायत होना आदि कारणों से होंठ काले व आकर्षणहीन हो जाते हैं। होंठों का कालापन स्त्री सौंदर्य को तो नष्ट करता ही है, साथ ही मन में हीनता की भावना भी उत्पन्न कर देता है।

इन बातों पर ध्यान दें

✦ होंठों पर हमेशा लिपस्टिक लगाकर न रखें, क्योंकि होंठों पर हमेशा लिपस्टिक लगाकर रखने से होंठों की त्वचा को पर्याप्त मात्रा में शुद्ध हवा व प्रकाश नहीं मिल पाता है। जिसकी वजह से होंठ काले व आकर्षणहीन होने लगते हैं।

✦ हमेशा अच्छी प्रतिष्ठित कंपनी की लिपस्टिक का ही इस्तेमाल करें। घटिया व सस्ती लिपस्टिक के इस्तेमाल से होंठ काले होने लगते हैं।

✦ काफी पुरानी लिपस्टिक होंठों पर लगाने से होंठ काले हो जाते हैं। इसलिए एक साथ ढेर सारी लिपस्टिक खरीदकर जमा न करें। खरीदी गई लिपस्टिक का प्रयोग तीन-चार माह से अधिक न करें। इसके बाद इन लिपस्टिकों को नष्ट कर दें।

✦ मौसम का प्रभाव भी होंठों पर पड़ता है। बर्फीली व गर्म हवाएं तथा तेज धूप होंठों को काला कर देती हैं। ऐसे मौसम में होंठों का विशेष

ध्यान रखना चाहिए। होंठों को बर्फीली हवाओं से बचाने के लिए होंठों पर मक्खन या मलाई लगाएं तथा होंठों को मफलर या दुपट्टे से ढककर रखें। तेज धूप में निकलने पर छाते का प्रयोग करें। साड़ी के आंचल या दुपट्टे से होंठों को अच्छी तरह ढककर रखें, ताकि गरम हवा का प्रभाव होंठों पर न पड़े। गर्मी के दिनों में होंठों को दिनभर में तीन-चार बार ठंडे पानी से तर करें।

- धूम्रपान से होंठों की नैसर्गिक सुंदरता नष्ट हो जाती है। होंठ काले, भद्दे व आकर्षणहीन हो जाते हैं। नियमित धूम्रपान से होंठों के साथ-साथ दांतों व उंगलियों का सौंदर्य भी नष्ट हो जाता है। इसलिए धूम्रपान न करना ही उचित है।
- अधिक गोरी स्त्रियां हल्के स्वाभाविक रंग जैसे गुलाबी, प्याजी आदि रंगों की लिपिस्टक इस्तेमाल करें। सांवली लड़कियों को लाल, रानी आदि चटख रंगों की लिपिस्टिक नहीं लगानी चाहिए। ऐसी महिलाएं चाकलेटी, भूरी या कॉफी कलर की लिपिस्टिक काम में लें।
- भारत सरकार के सौंदर्य प्रसाधन एवम् औषधि अधिनियम 1962 में वर्णित मानकों के अनुसार तैयार की गई लिपिस्टिक का ही प्रयोग करें।
- खाते समय होठों का संचालन ठीक प्रकार करें। हर वक्त मुंह चलाते रहने से चेहरे की मांस पेशियां शिथिल हो जाती हैं, जिससे आंखों और अधरों पर थकावट झलकने लगती है।
- चेहरे को सदैव तनावमुक्त रखें क्योंकि सहज रक्त संचार से ही अधरों की लालिमा स्थिर रहती है।
- लिपिस्टिक लगाने के बाद बिल्कुल हल्के हाथ से होंठ पर जरा-सी क्रीम लगा लें। इससे होंठों की चमक बढ़ जाएगी।
- बिना चिकित्सक के परामर्श के कोई औषधि, खासतौर पर एलोपैथिक औषधि न लें, क्योंकि कई बार एलोपैथिक दवाओं के साइडइफ्टेक्ट्स से भी होंठों में कालापन आ जाता है।

✦ हमेशा होंठों को कुतरते रहने से भी होंठो पर कालिमा छा जाने की आशंका रहती है।

होंठों का कालापन दूर करने के उपाय

✦ किसी कारणवश होंठ काले हो गए हैं, तो कच्चे दूध में रुई के फाहे को भिगोकर हाथों से कोमलतापूर्वक होंठों पर रोजाना तीन-चार बार लगाएं। कुछ सप्ताह तक नियमित यह उपाय करें। कच्चा दूध होंठों की त्वचा को ब्लीच करके कालेपन को दूर करता है।

✦ एक चम्मच मलाई, दो-तीन बूंद नीबू का रस, दो-तीन बूंद शहद, सबको मिलाकर रात को सोते समय होंठों पर लगाएं। कुछ सप्ताह तक यह उपाय करने से धीरे-धीरे होंठों का कालापन दूर हो जाता है। मलाई, नीबू तथा शहद में अनेक प्रकार के तत्त्व पाए जाते हैं, जो होंठों के कालेपन को दूर कर देते हैं।

✦ गुलाब की ताजी पंखुड़ियों को नियमित रूप से होंठों पर मलने से होंठों का कालापन दूर हो जाता है। होंठ मुलायम भी बनते हैं। गुलाब की पंखुड़ियों में कैल्शियम फास्फोरस, आयरन, विटामिन 'ई' आदि पाए जाते हैं, जो त्वचा के कालेपन को दूर कर देते हैं।

✦ दूध में केसर मिलाकर होंठों पर लगाने से होंठों का कालापन दूर हो जाता है।

विशेषः किसी कारणवश होंठ काले हो जाने पर मन में हीन-भावना नहीं पाल लेनी चाहिए, बल्कि बड़े धैर्य के साथ होंठों के कालेपन को दूर करने के उपाय करने चाहिए। वैसे तो किसी भी प्रकार के उपाय से होंठों का कालापन दूर करके प्राकृतिक सुंदरता लाना संभव नहीं है, परंतु कुछ सीमा तक लाभ अवश्य मिल सकता है। ऐसे में उचित मेकअप कर होंठों के कालेपन को छिपाया जा सकता है। इसके लिए होंठों पर डार्क शेड वाली लिपस्टिक लगाएं, इससे होंठों का कालापन छिप जाएगा।

दांतों का सौंदर्य

दांतों का संबंध केवल स्वास्थ्य से ही नहीं, सौंदर्य व व्यक्तित्व से भी जुड़ा हुआ है। चेहरे की सुंदरता को बढ़ाने में जितना योगदान होंठों का होता है, उससे कहीं अधिक योगदान दांतों का होता है। अपनी मुस्कराहट की छाप छोड़ने के लिए साफ, चमकदार मोती जैसे दांतों का होना जरूरी है। पीले, बदरंग, काले, कीड़े लगे दांत, आपके खूबसूरत व्यक्तित्व पर धब्बे के समान होते हैं। दर्दयुक्त, अस्वस्थ दांतों से आहार ठीक से चबाया नहीं जा सकता है, जिसकी वजह से दांतों का काम आंतों को करना पड़ता है। इससे पाचन शक्ति नष्ट होने लगती है। अस्वस्थ दांत मुंह में दुर्गंध भी पैदा करते हैं। वैज्ञानिक अनुसंधानों से यह तथ्य सामने आया है कि मनुष्य के दांतों की मजबूती का सीधा सम्बन्ध उसके भोजन से होता है। आदि मानव के दांत काफी मजबूत होते थे, क्योंकि वह खाद्य पदार्थ के रूप में कठोर व कड़ी वस्तुओं का उपयोग करता था। आधुनिक आदमी के भोजन का स्वरूप मुलायम होने के साथ ही 'स्टार्च' से परिपूर्ण हो गया है। जो दांतों में 'केविटी' उत्पन्न होने का मुख्य कारण है।

इन बातों का ध्यान रखें

✦ दांतों की सफाई पर समुचित ध्यान दें। इससे दांत जीवन पर्यन्त साथ देंगे, साथ ही आपके सौंदर्य को बढ़ाने में भी सहयोग देंगे।

- दांतों की सफाई के लिए नियमित रूप से दो वक्त भली-भांति ब्रुश करें। दांतों को इस तरह से साफ करें कि दांतों में फंसे हुए अन्न-कण निकल जाएं।

- ब्रुश करने के बाद साफ पानी से अच्छी तरह कुल्ला करें। कुल्ला करते समय अपनी उंगली से मसूढ़ों की मालिश करें, इससे रक्त संचार तेज होगा और मसूढ़े सुंदर व दांत मजबूत होंगे।

- अधिक गरम व अधिक ठंडे पदार्थ दांतों को नुकसान पहुंचाते हैं अतः अधिक गरम व अधिक ठंडे पदार्थों का प्रयोग न करें।

- गरम पेय पदार्थ के तुरंत पश्चात् ठंडा पानी पीने से दांत हिलने लगते हैं। इसलिए गरम पेय पदार्थ पीने के तुरंत बाद ठंडा न पिएं।

- मीठी वस्तुएं, चॉकलेट, टॉफी, कोल्ड ड्रिंक, आइस्क्रीम, बिस्कुट, जैम, केक, चिप्स आदि को अधिक इस्तेमाल न करें। यह सब चीजें दांतों को हानि पहुंचाती हैं। ऐसे पदार्थों का इस्तेमाल करने के बाद पानी से कुल्ला अवश्य कर लें।

- दांतों को औजार के रूप में इस्तेमाल न करें। जैसे दांत से खींचकर कोई चीज निकालना, धागा तोड़ना, वायर छीलना आदि।

- दांतों को पिन, सुई, तीली आदि से न कुरेदें। इससे मसूढ़ों में घाव हो जाता है, साथ ही सेप्टिक होने का भय रहता है।

- धूम्रपान, मद्यपान, पान, तंबाकू, गुटखा आदि के इस्तेमाल से भी दांतों का सौंदर्य नष्ट हो जाता है। ऐसी चीजों के इस्तेमाल से बचें।

- दूसरों के इस्तेमाल किए जाने वाले टूथब्रश का इस्तेमाल न करें। इससे दांतों में किसी प्रकार का संक्रमण हो सकता है।

- भोजन करने के बाद गाजर, मूली, ककड़ी, खीरा, अमरूद, सेब आदि खाने से दांत साफ होते हैं तथा दांत सुंदर व मजबूत भी होते हैं।

- एक वर्ष में दो बार दांतों का चिकित्सकीय परीक्षण अवश्य करवाना चाहिए, ताकि किसी भी प्रकार के रोग संक्रमण का समय पर पता लग सके।

- दंत-मंजन अच्छा, नर्म तथा उच्च गुणवत्ता का हो, घटिया व खुरदरे दंत-मंजन आपके दांतों को घातक नुकसान पहुंचा सकते हैं।

- पेयजल के रूप में फ्लोराइडयुक्त पानी का उपयोग करें। इसमें एनेमल तत्त्व होते हैं, जो दांतो पर अम्ल के प्रभाव को कम करते हैं तथा दांतो को मजबूती प्रदान करते हैं।

- गर्भावस्था के दौरान पूर्ण तथा संतुलित आहार नहीं लेने का सीधा असर गर्भस्थ शिशु के दांतो पर पड़ता है।

दांतों के सौंदर्य के लिए उपाय

- आधा नीबू लेकर दांतों और मसूढ़ों पर रगड़ें। इससे दांत साफ होंगे, मसूढ़े भी सुंदर बनेंगे। नीबू में पाए जाने वाले तत्त्व दांतों व मसूढ़ों के लिए काफी लाभदायक होते हैं।

- आधा चम्मच नमक में तीन-चार बूंद सरसों का तेल मिलाकर दांतों पर हलके हाथों से रगड़ें। इससे दांतों का पीलापन दूर हो जाता है। नमक में पाए जाने वाले तत्त्व ब्लीच करके, दांतों पर जमने वाले टार्टर को साफ कर देते हैं, जिससे दांत साफ होकर चमचमा उठते हैं। इस बात का ध्यान रखें कि इसे दांतों पर तेजी से न रगड़ें।

- दांतों पर हलके धब्बे दिखाई पड़ने पर स्ट्राबेरी के टुकड़े दांतों पर मलें। स्ट्राबेरी में पाए जाने वाले तत्त्व दांतों को ब्लीच कर धब्बों को दूर कर देते हैं।

- जामुन की पत्तियों के एक चम्मच पेस्ट में चुटकी भर सेंधानमक मिलाकर दांतों पर रगड़ने से दांत मोती जैसे चमकने लगते हैं। जामुन के पत्तों में अनेक प्रकार के तत्त्व पाए जाते हैं, जिससे दांत मोती जैसे चमकने लगते हैं।

- नीम की दातुन से दांतों को साफ करने से दांत सुंदर, मजबूत व स्वस्थ रहते हैं। नीम दांतों और मसूढ़ों को सुंदर व मजबूत बनाता है। इसमें पाए जाने वाले तत्त्व दांतों को स्वस्थ रखते हैं।

- गुलाब की दातुन से दांत साफ करने से दांत सुंदर, मजबूत व चमकीले बनते हैं।

- दांत हिलने पर तथा दांतों से खून आने पर बबूल की दातुन से दांतों को साफ करें। बबूल में पाए जाने वाले तत्त्व दांतों के प्लग को कस देते हैं तथा मसूढ़ों से खून आने की समस्या को भी दूर करते हैं।

- मसूड़ो से खून गिरने पर आम के ताजा पत्तों को खूब चबाएं तथा थूकते जाएं, इससे मसूड़ो का रक्तस्त्राव तो बंद होगा ही साथ ही, दांत भी मजबूत होंगे।

- यदि पानी पीने पर दांतों में टीस लगती हो तो मांजूफल के मंजन से दांतो पर मालिश करें।

- कपूर, सत अजवाईन तथा सत पुदिना तीनों को बराबर मात्र में एक शीशी में भर लें। कुछ देर में यह द्रव रूप में आ जाएगा। इसकी एक दो बूंद लगाने से दांत दर्द दूर हो जाता है।

- पायरिया के उपचार हेतु नियमित रूप से फलाहार पर रहना भी एक सार्थक उपाय हैं, फलाहार के रूप में संतरा, नींबू, मौसमी, गाजर आदि के ज्यूस का सेवन करें। नीम की हरी पत्तियों को पानी में पीसकर दिन में कई बार उससे गरारे करें।

सांस की दुर्गंध

सांस की दुर्गंध एक परेशानी दायक व आम समस्या है। सांसों में दुर्गंध होने पर लोगों से मिलने व बातचीत करने में काफी परेशानी का सामना करना पड़ता है। सांस की दुर्गंध से सौंदर्य व व्यक्तित्व भी प्रभावित होता है। सांस की दुर्गंध दूर करने के लिए लोग पान, सुगंधित सुपारी, पान-मसाला आदि का इस्तेमाल करने लगते हैं। इससे कुछ हद तक तो सांस की दुर्गंध की समस्या दूर हो जाती है, लेकिन यह कोई स्थायी समाधान नहीं है। सांस की दुर्गंध आदमी के स्वास्थ्य के साथ उसके व्यक्तित्त्व को भी प्रभावित करती है। सांस की बदबू से ग्रस्त व्यक्ति के पास आने से लोग कतराने लगते हैं, जिससे हीन भावना आ सकती है। यह जन्मजात रोग नहीं है बल्कि बाद में अनेक कारणों से उत्पन्न होता है।

सांस की दुर्गंध उत्पन्न होने के कारण

दांतों की नियमित व सही सफाई न होने से दांतों में फंसे अन्न-कण सांस में दुर्गंध उत्पन्न करते हैं। इनके अलावा मुंह में छाले, जीभ पर मैल जमना, पायरिया, पीनस रोग, सर्दी-जुकाम बने रहना, नाक का संक्रमण, शरीर में रक्त की कमी, विटामिनों की कमी, लंबे समय तक बीमार रहना, पुरानी खांसी, पेट की बीमारी, कब्ज, रात्रि-जागरण, सुबह देर से उठना, धूम्रपान, शराब का सेवन आदि कारणों से सांसों में दुर्गंध उत्पन्न होती है। एलोपैथी की कुछ दवाइयां एंटीहिस्टामिन डिकोंजेस्टेंट तथा डाइयूरेटिक्स आदि के सेवन से भी सांसों में या गर्भावस्था में हार्मोन परिवर्तन की वजह से भी कुछ महिलाओं की सांसों में दुर्गंध आती है। पाचन तंत्र की निष्क्रियता अथवा शिथिलता, छाती में पुराना कफ जमा होना, सीने

या गले पर कोई फोड़ा होना आदि कारण भी सांसो की दुर्गंध के लिए उत्तरदायी हैं।

सांसों की दुर्गंध का पता कैसे चले?

सांस की दुर्गंध की समस्या उत्पन्न होने पर स्वयं को पता नहीं चल पाता है। इसके बारे में कोई खास साथी ही बता पाता है, या स्वयं इसकी जांच करनी होती है। इसे जांचने के लिए मुंह के सामने दोनों हथेलियों को कप की आकृति के समान कर लें। अब गहरी सांस छोड़ें। फिर उसे सूंघें। अगर आपको दुर्गंध महसूस हो, तो समझ जाएं कि सामने वाले को भी ऐसा ही महसूस होता होगा।

इन बातों पर ध्यान दें

- ✦ दांतों की नियमित व सही सफाई करें। जीभ की भी ठीक तरह से सफाई करें।

- ✦ देर रात तक जागरण न करें। सुबह जल्दी उठें।

- ✦ पान, तंबाकू, सिगरेट, शराब आदि का सेवन न करें। इनसे सांसों में दुर्गंध उत्पन्न तो होती ही है, इनके नियमित इस्तेमाल से मुख संबंधी व अन्य शारीरिक रोग भी उत्पन्न हो जाते हैं।

- ✦ दूसरों के रूमाल, टूथ-ब्रश, लिपस्टिक, लिपस्टिक संबंधी ब्रश आदि का इस्तेमाल न करें। इससे मुंह में किसी प्रकार का संक्रमण होकर सांसों में दुर्गंध उत्पन्न हो सकती है।

- ✦ भूखे न रहें। भूखे रहने से मुंह में लार बनने की प्रक्रिया धीमी पड़ जाती है, जिससे मुंह में दुर्गंध उत्पन्न होने लगती है।

- ✦ शरीर से अधिक पसीना निकलने से भी सांसों से दुर्गंध आती है। इसलिए रोजाना अच्छी तरह स्नान करें, ताकि शारीरिक दुर्गंधता के साथ सांसों की दुर्गंध से बचे रहें।

- ✦ पेट की सफाई का खास ध्यान रखें। कब्ज न रहने दें।

✦ अधिक मात्रा में मीठे तथा ठंडे पेय पदार्थों से परहेज करें। आईसक्रीम, च्यूइंगम, चाकलेट जैसे खाद्य पदार्थ दांतो से चिपककर बाद में सांस में बदबू पैदा करते हैं।

सांसों की दुर्गंध दूर करने के उपाय

✦ 10-12 नीम के पत्तों को एक गिलास पानी में भली-भांति उबालकर छान लें। ठंडा होने पर इससे गरारे करें। नीम जलन व दर्द को शांत करता है, तथा रोगाणु रोधक है। इसके नियमित प्रयोग से मुख की आंतरिक शुद्धि होती है और सांसों की दुर्गंध दूर होती है।

✦ आधा नीबू लें। इसे हलके हाथों से दांतों व मसूढ़ों पर रगड़ें। नीबू में पाए जाने वाला विटामिन-'सी' मुख के आंतरिक ऊतकों को संकुचित कर, उनसे विषैले पदार्थ निकालकर दांतों व मसूढ़ों को दृढ़ बनाता है। नीबू एक अच्छा मॉउथवाशनर भी है।

✦ गुनगुने पानी में नमक मिलाकर गरारे करें। नमक में पाए जाने वाले तत्त्व मृत कोशिकाओं को निकालकर सांसों की दुर्गंध को दूर करते हैं।

✦ एक गिलास गरम पानी में तुलसी के 20-25 पत्ते डालकर ढक दें। पानी ठंडा होने पर इस पानी से गरारे करें। तुलसी के पत्तों में पाए जाने वाले तत्त्व, मुख के अंदर उत्पन्न होने वाले कीटाणुओं को खत्म करके सांस की दुर्गंध को दूर करते हैं। यह प्रयोग नियमित कर सकते हैं। यह एक अच्छा मॉउथवाशनर है।

✦ एक गिलास ठंडे पानी में दो बूंद लौंग का तेल डालकर मॉउथवाश करें। लौंग का तेल एंटी-बॉयटिक का काम करता है तथा इसमें पाए जाने वाले यूनीनाल तथा फेनाल एसीटोल मॉउथवाश का काम करते हैं, जिससे सांस की दुर्गंध दूर होती है।

✦ एक गिलास ठंडे पानी में दो चम्मच गुलाबजल एंटी बॉयटिक तथा एंटी सेप्टिक जैसा प्रभाव डालती है। इसकी प्राकृतिक सुगंध सांसों में ताजगी देती है।

- अनार के छिलकों का चूर्ण बनाकर सुबह शाम आधा-आधा चम्मच पानी के साथ लें। इसके अतिरिक्त, अनार के छिलके को पानी में अच्छी तरह उबाल कर उस पानी से गरारे करें।

- भुना हुआ जीरा चबाने से भी मुंह की बदबू दूर होती है।

- हरा धनिया अथवा सूखा धनिया चबाने से भी लाभ होता है। इसी प्रकार मुलैठी व छोटी इलायची का उपयोग भी सांसों की दुर्गंध को दूर करता है।

- तुलसी के पत्ते अथवा जामुन के हरे पत्तों को मुंह में दबाकर पान की तरह चबाने से भी सांसें शुद्ध होती हैं।

- एक गिलास गुनगुने पानी में पांच मिलीग्राम अदरक का रस तथा इतनी ही मात्रा में नींबू का रस मिलाकर गरारे करने से भी मुंह की बदबू दूर होती है।

गरदन का सौंदर्य

लंबी, सुंदर, सुराहीदार गरदन सौंदर्य का प्रतीक होती है। सुकोमल, सुडौल, उज्ज्वल गरदन सौंदर्य के साथ-साथ व्यक्तित्व को भी आकर्षक बनाती है। गरदन के प्रति लगातार की गई लापरवाही व उचित देखभाल के अभाव में चेहरे के रंग की तुलना में गरदन का रंग गहरा होने लगता है। शरीर के अन्य अंगों की तरह गरदन के सौंदर्य को बनाए रखने के लिए, इस ओर विशेष ध्यान देने की आवश्यकता होती है। आप शीशे के सामने खड़ी होकर जरा गौर से अपनी गरदन पर निगाह दौड़ाएं। क्या आपकी गरदन का रंग बदलकर काला तो नहीं हो गया है? उस पर झुर्रियां तो नहीं दिखाई दे रही हैं? अतिरिक्त मांस और सही अनुपात की कमी दिखाई दे रही है, तो आप इन समस्याओं को दूर करने के लिए शीघ्र उपाय करें। नारी सौंदर्य में गरदन का विशेष महत्व है किन्तु प्रायः एड़ियों की तरह गरदन के सौंदर्य के प्रति अधिकांश महिलाएं लापरवाह होती है। सामान्य सावधानी, व्यायाम और मालिश द्वारा आप सौंदर्य से परिपूर्ण आकर्षक गरदन पा सकती हैं।

इन बातों पर ध्यान दें

✦ चेहरे की तरह गरदन की भी प्रतिदिन अच्छी तरह से सफाई करें।

✦ तेज धूप में निकलने पर गरदन की सुरक्षा पर भी ध्यान दें।

- रात को सोने से पहले चेहरे की तरह, गरदन का मेकअप भी उतार लें।
- सिर झुकाकर न चलें। इससे गरदन के पीछे की ओर मांस उभर आता है तथा डबल चिन की समस्या उत्पन्न हो जाती है।
- काम करते या उठते-बैठते, चलते समय गरदन को सीधी रखें। गरदन को अधिक देर तक झुकाए रखने या ऊंचा किए रखने से गरदन के सौंदर्य पर दुष्प्रभाव पड़ता है।
- गरदन को नचाना, गरदन को झटकना, या गरदन को हिलाकर बात करना जैसी आदतों से बचें।
- गरदन की सुडौलता के लिए अधिक वसायुक्त भोजन का सेवन न करें। पौष्टिक व संतुलित आहार लें।
- गले में कृत्रिम गहने (आर्टिफिशियल ऑरनामेंट) पहनने से बचें। इस प्रकार के गहने भी गरदन के सौंदर्य पर दुष्प्रभाव डाल सकते हैं।
- गरदन को सुडौल बनाए रखने के लिए मुंह को इस तरह से फुलाएं, जैसे आप सीटी बजा रही हों। अब धीरे-धीरे श्वास को छोड़ें। ऐसा कई बार करें, इससे गरदन और चहरे की झुर्रियां दूर होती हैं।
- गरदन रोजाना क्लीनजिंग मिल्क से साफ करें।
- जाड़े के मौसम में बर्फीली हवाओं से बचाव के लिए गरदन को ढंक कर रखें।
- यदि गरदन प्राकृतिक रूप से छोटी है, तो 'वी शेप' के तथा लम्बी धारियों वाले वस्त्र पहनें। इस प्रकार के वस्त्रों से गरदन लम्बी नजर आयेगी।
- छोटी गरदन वाली स्त्रियां सर्दी के समय पर गरदन पर स्कार्फ बांध सकती हैं।
- लंबी चैन वाला लॉकेट पहनने से भी गरदन लंबी दिखाई पड़ती है।
- लंबी गरदन वाली महिलाओं को गले में नेकलैस पहनना चाहिए। इससे गरदन सुडौल लगती है।
- नाटी गरदन वाली बहिनें हाइनेक गले का ब्लाउज पहनें।

मैली गरदन की सफाई के लिए उपाय

✦ आधा नीबू लें। इसमें से बीज निकाल लें। इस नीबू को कच्चे दूध में डुबो-डुबोकर गंदी, मैली गरदन पर रगड़ें। नीबू और दूध में पाए जाने वाले तत्त्व गरदन की त्वचा की मैल को अच्छी तरह से निकाल देते हैं।

✦ दो चम्मच उड़द की दाल को रातभर के लिए भिगोकर रख दें। सुबह इस दाल को बारीक पीसकर पेस्ट बना लें। इस पेस्ट को गरदन पर लगाएं। पंद्रह मिनट बाद ठंडे पानी से साफ कर लें। उड़द की दाल में कैल्शियम, फास्फोरस, विटामिन 'ए', 'बी' आदि तत्त्व पाए जाते हैं। उड़द की दाल का पेस्ट त्वचा में कसाव पैदा करता है और मैल को अच्छी तरह से निकाल देता है।

✦ एक चम्मच संतरे के छिलके का चूर्ण, एक चम्मच मौसमी के छिलके का चूर्ण व एक चम्मच नीबू के छिलके का चूर्ण लें। इसमें आवश्यकता के अनुसार गुलाबजल मिलाकर पेस्ट बना लें। इस पेस्ट को मैली गरदन पर हलके हाथों से रगड़कर लगाएं। सूख जाने पर गरदन को ठंडे पानी से धो लें। इन छिलकों में पाए जाने वाले तत्त्व मृत कोशिकाओं और मैल को भली प्रकार निकाल देते हैं। गुलाबजल कोशिकाओं के लिए टॉनिक का काम करता है।

✦ यदि गरदन पर अधिक मैल जम गया हो तो रात में सोते समय ग्लिसरीन में नीबू का रस मिलाकर अच्छी तरह गरदन पर लगाएं तथा सुबह स्नान के समय रगड़कर गरदन साफ करें।

✦ स्नान के पश्चात गरदन पर अच्छी किस्म का टेलकम पाउडर लगाने से पसीने व मैल से राहत मिलती है।

गरदन का कालापन दूर करने के उपाय

✦ पत्तागोभी (बंदगोभी) को पीसकर दो चम्मच रस निकाल लें। इसमें आधा चम्मच शहद मिलाकर गरदन पर लगाएं। सूख जाने पर गरदन को पानी से साफ कर लें। पत्तागोभी में पाए जाने वाले तत्त्व कैल्शियम, फास्फोरस, आयरन, विटामिन 'बी', 'सी', 'ए' तथा शहद

में पाए जाने वाले तत्त्व आयरन, मैग्नीशियम, कॉपर, बीटा कैरीओस्टेटिक, लेवुरआज, ग्लूकोज, सैकेरिस, फार्मिक एसिड, मैलानिन एसिड गरदन के कालेपन को दूर कर देते हैं तथा त्वचा को पोषण देकर सुंदर बनाते हैं।

◆ कद्दूकस की हुई दो चम्मच ककड़ी में आधा चम्मच नीबू का रस, आधा चम्मच हलदी, आधा चम्मच मुलतानी मिट्टी मिलाकर काली गरदन पर लगाकर हलके हाथों से मसलें। इस मिश्रण को आधे घंटे तक लगा रहने दें। सूखने पर छुड़ा लें। यह अच्छे किस्म का स्क्रेब है। ककड़ी में पाए जाने वाले तत्त्व सूर्य की किरणों से काली हुई त्वचा को साफ करते हैं। मुलतानी मिट्टी त्वचा की मृत कोशिकाओं को हटाने के साथ अतिरिक्त तेल को भी सोख लेती है।

◆ गरदन पर अधिक मैल या कालापन होने पर आधे नीबू पर आधा चम्मच चीनी रखकर हलका-हलका रगड़ें। यह मिश्रण ब्लीचिंग व स्क्रेब का काम करता है और कालापन दूर करने के साथ-साथ झुर्रियां भी दूर करता है।

◆ आलू के स्लाइज को लेकर गरदन पर रगड़ें। आलू में पाए जाने वाले एंजाइम व मिनरल्स गरदन की त्वचा को अच्छे प्रकार से ब्लीच कर कालापन को दूर कर देते हैं। यह प्रयोग स्नान के पहले नियमित रूप से किया जा सकता है।

◆ एक अंडे के पीले वाले हिस्से (जर्दी) में एक चम्मच दूध, चार बूंद नीबू का रस, चार बूंद संतरे का रस, इन सबको अच्छे से मिलाकर फेंट लें। इस मिश्रण को काली गरदन पर लगाएं। अंडे में पाए जाने वाले तत्त्व फ्री रेडीकल्स को दूर करते हैं। इसमें पाए जाने वाला सेलेनियम नामक तत्त्व पोरस को टाइट करता है तथा ऊतकों के पुनर्निर्माण में काफी लाभदायक होता है।

◆ गरदन की त्वचा का रंग शरीर के अन्य रंगो से अधिक गहरा होता है। अतः महीने में दो बार गरदन पर ब्लीचिंग करनी चाहिए।

◆ रात को सोते समय चेहरे के साथ गरदन का मेकअप भी उतारें।

गरदन की त्वचा को निखारने के लिए उपाय

✦ एक चम्मच मैदा, एक चम्मच मिल्क पाउडर, इसमें आवश्यकतानुसार गुलाबजल मिलाकर पेस्ट बना लें। इस पेस्ट को गरदन पर लगाएं। 15 मिनट बाद गरदन को ठंडे पानी से धो लें। मैदा त्वचा पर खिंचाव पैदा करता है, जिससे त्वचा में रक्त संचार बढ़ जाता है। मिल्क पाउडर तथा गुलाबजल में पाए जाने वाले तत्त्व मृत कोशिकाओं को बांधकर रखने वाले तत्त्व को नष्ट कर देते हैं, जिससे मृत कोशिकाएं वहां से आसानी से साफ हो जाती हैं और गरदन की त्वचा साफ व उजली हो जाती है।

✦ एक चम्मच शहद में आधा चम्मच नीबू का रस मिलाकर गरदन पर लगाएं। 15-20 मिनट बाद गरदन को गुनगुने पानी से धो लें। शहद में पाए जाने वाले तत्त्व सूक्रोज, ग्लूकोज, फ्रक्टोज त्वचा को ऊर्जा प्रदान करते हैं। नीबू में पाए जाने वाले तत्त्व त्वचा को अच्छी प्रकार से ब्लीच कर देते हैं। सप्ताह में दो बार यह विधि अपनाने से गरदन की त्वचा सुंदर बनी रहती है।

✦ कच्चा दूध रुई के फाहे से प्रतिदिन गरदन पर लगाने से त्वचा निखर उठती है। दूध क्लींजर तथा ब्लीच का काम करता है। यह त्वचा की गहराई तक पहुंचकर त्वचा को साफ करता है तथा त्वचा को पोषण देता है। नियमित यह प्रयोग करने से त्वचा सुंदर व उजली बनी रहती है।

✦ पालक को पानी में उबाल लें। छानकर इस पानी को बोतल में भरकर रख लें। रात को सोते समय रुई के फाहे से इस पानी को गरदन पर लगाएं। पालक में कैल्शियम, आयरन, मैग्नीशियम, फालिक एसिड, कैरोटिनॉइड, बीटा कैरोटीन, फाइटो केमिकल पाया जाता है। इससे गरदन की त्वचा सुंदर बनी रहती है।

✦ गाजर को उबाल लें। ठंडी होने पर गरदन पर मसलें। सूख जाने पर ठंडे पानी से गरदन को धो लें। गाजर में विटामिन 'ए', 'बी', 'सी', पोटेशियम, आयरन, मैग्नीशियम, कैल्शियम, सोडियम, क्लोराइड, बीटा कैरोटीन आदि तत्त्व पाए जाते हैं। गाजर त्वचा पर विशेष

प्रभाव डालती है। इसके नियमित प्रयोग से दाग-धब्बे दूर होते हैं। इससे गरदन की त्वचा कोमल व पुष्ट बनती है।

- सर्दियों में रात को सोते समय कोल्ड क्रीम में बादाम का तेल मिलाकर गरदन पर लगाएं।
- गरदन की त्वचा की झुर्रियां दूर करने के लिए प्रति सप्ताह गरदन पर फेस पैक लगाएं।
- सोने से पूर्व अच्छी किस्म के साबुन से गरदन को धोकर कोमल तौलिए से उसे साफ करें।
- दही में बेसन मिलाकर पेस्ट बनाकर लेप कर लगभग आधा घंटा गरदन पर लगाएं रखे। इससे त्वचा मुलायम होती है।

गरदन के सौंदर्य में मालिश व व्यायाम का महत्व

- सीधे खड़े होकर गरदन को बारी-बारी से दांयी व बांयी ओर घुमाएं तथा ठोड़ी को कंधे से स्पर्श करने का प्रयास करें।
- नाक से गहरी सांसे लेकर गरदन की नसो को फुलाएं तथा धीरे-ध ीरे सांस छोड़ें।
- जैतून के तेल को हल्का गुनगुना गर्म कर अंगुलियों से धीरे-धीरे गरदन पर मालिश करें, मालिश ऊपर से नीचे की ओर करें।

स्तनों का सौंदर्य

स्तन स्त्री के सबसे महत्त्वपूर्ण अंग हैं। ये सौंदर्य की अनुभूति तो कराते ही हैं, प्रसव के बाद मातृत्व की भावना इन्हीं से फूटती है। अधिकतर स्त्रियां अपने असंतुलित स्तन यानी छोटे या बड़े स्तनों की समस्या को लेकर परेशान रहती हैं, जिसके कारण वे मानसिक रोगों से भी पीड़ित हो जाती हैं।

छोटे-बड़े स्तनों की समस्या के कारण

हार्मोंस में गड़बड़ी होना, अनियमित मासिक धर्म, आनुवंशिकता, कुपोषण, लंबी बीमारी, आर्थिक समस्या, परदे में रहना, भय, अधिक शारीरिक श्रम करना, कम उम्र में शादी हो जाना आदि कारणों से स्तन छोटे रह जाते हैं। वहीं अधिक सेक्स चिंतन, अश्लील पुस्तकें पढ़ना, अश्लील फिल्में देखना, छोटी उम्र में स्तन मर्दन करना, छोटी उम्र में शारीरिक संबंध स्थापित कर लेना आदि कारणों से स्तन बड़े हो जाते हैं।

स्तनपान की सही व वैज्ञानिक विधि की जानकारी न होने पर शिशु को गलत तरीके से स्तनपान कराने वाली महिलाओं के स्तन का आकार बिगड़ जाता है और स्तन ढीले होकर लटक जाते हैं। ब्रा का चयन गलत

होने पर भी स्तन के आकार-प्रकार पर प्रभाव पड़ता है। स्तन के निप्पल के आस-पास का भाग श्याम रंग की संवेदनशील त्वचा से ढका होता है। यह क्षेत्र अत्यन्त संवेदनशील होता है। उचित देखभाल के अभाव में इस हिस्से पर मृत कोशिकाएं जमा हो जाती हैं, जिसकी वजह से यहां की त्वचा कड़ी व खुरदरी हो जाती है और स्तनों का सारा सौंदर्य नष्ट हो जाता है।

इन बातों पर ध्यान दें

✦ स्तन छोटे रह जाने पर उन्हें बड़ा करने के लिए विटामिनयुक्त संतुलित पौष्टिक आहार लें।

✦ तैरना, रस्सी कूदना, रॉड पकड़कर झूलना, स्तन के संतुलित विकास के लिए अच्छे व्यायाम हैं।

✦ सही नाप की ब्रॉ पहनें। ब्रॉ न अधिक ढीली हो, न ही अधिक कसी हुई हो। गर्भवती महिलाओं को चाहिए कि वे सही नाप से एक नंबर बड़े आकार की ब्रॉ पहनें।

✦ रात्रि में सोते समय ब्रॉ को अवश्य उतार दें, जिससे स्तन दिन-भर के कसाव से मुक्त हो सकें।

✦ नायलॉन या टेरीकॉट के ब्रॉ पहनने से बचें। इससे स्तनों पर संक्रमण होने का भय रहता है। हमेशा सूती कपड़ों की ब्रॉ पहनें।

✦ गहरे व काले रंग की ब्रॉ पहनने से बचें। इससे कैंसर होने का भय रहता है।

✦ शिशु को स्तनपान कराते समय उसके सिर को हथेली पर रख लें, जिससे स्तन पर खिंचाव न पड़े।

✦ स्तन को दबा-दबाकर दूध निकालकर न पिलाएं। इससे स्तन ढीले हो जाते हैं।

✦ शिशु को दूध पिलाने के बाद निप्पल को पानी से धो लें, जिससे किसी प्रकार का संक्रमण न हो।

✦ स्तनों को दबाकर स्वयं जांच करती रहें कि कहीं कोई गांठ तो नहीं उभर रही है। यदि गांठ दिखाई दे, तो तुरंत डॉक्टर को दिखाएं।

✦ स्तनों के आकार-प्रकार और रंग में तेजी से परिवर्तन दिखाई देने पर तुरन्त डॉक्टर को दिखाना चाहिए।

स्तनों के सौंदर्य के लिए उपाय

✦ स्तनों पर ठंडे पानी की बौछार दें। इससे स्तनों की कोशिकाओं में रक्त संचार होगा और स्तनों का सही विकास होगा।

✦ स्तनों को गुनगुने पानी से धोएं। इसके तुरंत बाद ठंडे पानी से धोएं। ऐसा 5-6 बार करें। तापमान के तेजी से बदलने से स्तनों की कोशिकाओं में तेजी से रक्त संचार होता है और स्तन विकसित होते हैं।

✦ रात्रि में सोते समय बादाम या जैतून के तेल की स्तनों पर गोल-गोल घुमाकर स्वयं मालिश करें। बादाम या जैतून के तेल में पाए जाने वाले तत्त्व विटामिन 'ए', 'ई', कैल्शियम, पोटेशियम, मैग्नीशियम, एमिनो एसिड स्तनों को पुष्ट बनाते हैं, उनका विकास भी करते हैं तथा स्तनों की त्वचा को सुंदर व मुलायम बनाए रखते हैं।

✦ दो चम्मच भैंस के गाढ़े दूध में एक चम्मच बादाम का तेल मिलाकर अच्छी प्रकार फेंट लें। इससे स्तनों की मालिश करें। मालिश अंगुलियों की पोरों से बहुत धीरे-धीरे गोलाई में नीचे से ऊपर की ओर अंगुलियां घुमाते हुए करें। यह नुसखा स्तनों को पुष्ट व सुंदर बनाता है।

✦ स्तनों के निप्पल के पास की त्वचा कड़ी और खुरदरी हो जाने पर एक चम्मच गुड़, आधा चम्मच मलाई, आधा चम्मच जैतून का तेल मिलाकर गुलाबजल में पेस्ट बना लें। इस पेस्ट को कड़ी और खुरदरी त्वचा पर लगाएं। सूख जाने पर ठंडे पानी से धो लें। यह उपचार सप्ताह में दो बार करें। यह पेस्ट निप्पल के पास जमी मृत कोशिकाओं को आसानी से निकालकर खुरदरापन दूर कर देता है, जिससे यहां की त्वचा मुलायम व खूबसूरत बन जाती है।

◆ किसी-किसी महिला के स्तनों के निप्पल अंदर की ओर रह जाते हैं। ऐसी स्थिति होने पर प्लास्टिक की एक बोतल में काफी गरम पानी भरें। फिर इसे खाली कर दें। बोतल में भाप रह जाएगी। अब बोतल के मुंह में निप्पल को डालकर, बोतल को इस तरह से दबाकर रखें, जिससे बाहर की हवा अंदर न जा सके। जैसे-जैसे बोतल की भाप ठंडी होती जाएगी, वैसे-वैसे निप्पल बाहर की ओर खिंचता जाएगा। बोतल ठंडी होने पर हटा लें। इस उपाय को 5-6 बार करें। यह उपाय नियमित करने से अंदर की ओर धंसे निप्पल बाहर निकल आते हैं।

पीठ का सौंदर्य

यह बैकलेस, लोनेक, डीपनेक, फ्रंट फ्लोइंग ड्रेसेज का जमाना है। इन परिधानों में पीठ का अधिकतर भाग खुला रहता है। धूप में घूमने-फिरने पर यह खुला भाग सूर्य की किरणों से प्रभावित होकर काला हो जाता है। काली पीठ सौंदर्य पर दाग लगाती है। इसलिए पीठ के सौंदर्य के प्रति भी सचेत रहना जरूरी है। प्रायः महिलायें अपने चेहरे और शरीर के अग्रभाग की तो पर्याप्त देखभाल करतीं है, मगर पीठ उपेक्षित ही रह जाती है। आजकल जिस तरह की वेशभूषा पहनने का फैशन है, उसमें पीठ का अधिकांश भाग खुला रहता है। ऐसे में समुचित सार-संभाल के अभाव में पीठ काफी भद्दी प्रतीत होती है। इसलिए पीठ का साफ, स्वच्छ और कांतिमय होना उतना ही जरूरी है, जितना शरीर के किसी अन्य भाग का। अपनी उपेक्षित पीठ पर भी ध्यान दीजिए।

इन बातों पर ध्यान दें

✦ पीठ व कंधे की त्वचा धूप के प्रति संवेदनशील होती है। इसलिए बाकी हिस्सों की अपेक्षा यह जल्दी काली पड़ जाती है। अतः पीठ व कंधे को धूप की किरणों से बचाएं।

✦ पसीने के कारण पीठ पर मैल अधिक जमती है। इसलिए पीठ पर नियमित साफ-सफाई का ध्यान दें।

- स्नान के समय रोजाना हैंडिल वाले ब्रुश से पीठ को रगड़-रगड़कर साफ करें।
- कसे हुए ब्लाउज या ब्रॉ न पहनें। इनसे पीठ का मांस बढ़ जाता है, जो देखने में भद्दा लगता है।
- मोटापे के कारण पीठ पर चर्बी बढ़ जाती है। ऐसे में पीठ का सौंदर्य नष्ट हो जाता है। इसलिए मोटापा बढ़ने ही न दें।
- पीठ की साफ-सफाई के साथ-साथ पीठ के मेकअप का भी ध्यान रखें।
- पीठ अधिक काली है, तो बैकलेस वाले परिधान न पहनें।
- स्नान करते वक्त पीठ की सफाई का खास ख्याल रखें। सिर धोते वक्त बालों का पानी पीठ पर न गिरने दें। इससे संक्रमण का खतरा कम किया जा सकता है।
- अगर सिर में रूसी है तो पीठ पर संक्रमण हो जाता है और पीठ पर काले-काले धब्बे बन जाते हैं। अतः रूसी न होने दें।

पीठ के सौंदर्य के लिए उपाय

- दो चम्मच मैदा में थोड़ा-सा दूध मिलाकर गाढ़ा पेस्ट बना लें। इस पेस्ट को पूरी पीठ व कंधों पर मलें। दस मिनट बाद ठंडे पानी से धो लें। मैदा त्वचा पर जमी मैल और मृत कोशिकाओं को अच्छी तरह से निकाल देती है। दूध ब्लीचिंग का काम करता है, जो मृत कोशिकाओं और मैल को निकालने के साथ-साथ कालापन भी दूर करता है। दूध का मॉइश्चराइजर पीठ की त्वचा को मुलायम व सुंदर बनाता है।
- दो चम्मच जौ का आटा लें। इसमें आधा चम्मच हलदी, चुटकीभर नमक व थोड़ा-सा दूध मिलाकर पेस्ट बनाएं। इस पेस्ट को पूरी पीठ पर लगाएं। सूख जाने पर रगड़ कर उतार लें। जौ का आटा त्वचा के डेड सेल को अच्छे से छुड़ा देता है तथा त्वचा की प्राकृतिक चिकनाई और उसकी सुरक्षात्मक झिल्ली को नष्ट होने से बचाता है,

रक्त संचार को ठीक करता है। हलदी, दूध व नमक त्वचा को मुलायम व साफ बनाते हैं।

- यदि पीठ की त्वचा धूप में झुलस गई हो, त्वचा का रंग काला हो गया हो, तो दो छोटे-छोटे उबले हुए आलू लें। इनमें आधा चम्मच नीबू का रस मिलाकर और अच्छी तरह मसलकर पीठ पर रगड़ें। सूखने पर रगड़कर छुड़ा लें। यह प्रयोग सप्ताह में दो बार करने से पीठ का कालापन दूर हो जाता है। आलू में पाए जाने वाले एंजाइम तथा नीबू के तत्त्व त्वचा के कालेपन और फ्री रेडीकल्स को आसानी से निकाल देते हैं।

- दो चम्मच बेसन, दो चम्मच गुलाबजल मिलाकर पेस्ट बना लें। इस पेस्ट को पीठ व कंधों पर लगाएं। सूख जाने पर रगड़कर छुड़ा लें। बेसन मृत कोशिकाओं को तथा शरीर पर जमी चिकनाई युक्त मैल को साफ कर, त्वचा में निखार लाता है। बेसन में आयरन, मैग्नीशियम, जिंक पर्याप्त मात्रा में होता है। गुलाबजल में पाए जाने वाले तत्त्व विटामिन 'ए', 'बी', 'सी' में पोटेशियम, टैनिन एसिड, मैलिन एसिड, पिगमेंटेशन की समस्या को दूर कर देते हैं तथा त्वचा के मॉइश्चराइज को बनाए रखते हैं। पेस्ट को रगड़कर छुड़ाने से त्वचा में रक्त संचार तेजी से होता है, जिससे पीठ की त्वचा खिल उठती है।

- चार चम्मच चोकर में एक चम्मच नीबू का रस, दो चम्मच नारियल का पानी मिलाकर पेस्ट बना लें। इस पेस्ट को पीठ पर अच्छी तरह लगाएं। सूखने पर रगड़कर साफ कर लें। चोकर त्वचा पर जमी मृत कोशिकाओं को आसानी से हटा देता है। चोकर में पाए जाने वाले तत्त्व कैल्शियम, आयरन, फास्फोरस, मैग्नीशियम, पोटेशियम, कॉपर, विटामिन 'ए', 'बी' त्वचा को पोषण देती हैं। नीबू का रस त्वचा को ब्लीच कर पिगमेंटेशन को दूर करता है। नारियल के पानी में पाए जाने वाले खनिज पदार्थ त्वचा को पोषण देने के साथ कालेपन को भी दूर करते हैं।

- नींबू के छोटे-छोटे टुकड़े कर लें। इन्हें पीठ पर अच्छी तरह रगड़े। इसके बाद बेसन व हल्दी का पेस्ट बनाकर पीठ पर लगाऐं। 10

मिनट बाद रगड़-रगड़ कर छुड़ा लें। पीठ का कालापन खत्म हो जाएगा।

✦ 100 ग्राम गेहूं का चोकर एक गिलास पानी में रात को भिगो कर रख दें। सुबह जल्दी उठकर चोकर को मसल लें और इस पानी से पीठ पर मालिश करें। पीठ का कालापन, दाग-धब्बे खत्म हो जाएंगें और पीठ के सौंदर्य में वृद्धि होगी।

✦ एक पके केले का गूदा लें इसमें एक चम्मच नींबू का रस मिलाएं। इस लेप को पीठ पर 30 मिनट के लिए लगाएं। फिर ठण्डे पानी से धो दें। पीठ की मृत त्वचा हट जाएंगी और रंग निखर आएगा।

त्वचा पर निशान

त्वचा पर अधिक खिंचाव पड़ने पर त्वचा का लचीलापन समाप्त हो जाता है, जिसकी वजह से त्वचा पर निशान पड़ जाते हैं। ये निशान गर्भावस्था के बाद तथा वजन कम होने के बाद दिखाई पड़ते हैं। पेट, छाती, बाजू और जांघों पर दिखाई पड़ने वाले ये निशान शरीर के आकर्षण को खत्म कर देते हैं। एक बार निशान पड़ जाने पर इन्हें खत्म करना मुश्किल होता है। इसलिए निशान न पड़ें, इसके लिए विशेष देखभाल की आवश्यकता होती है। त्वचा कुदरत की अनूठी कारीगरी का बेहतरीन नमूना है। यह हमारे आंतरिक अंगों की सुरक्षा करने के साथ ही सौंदर्य में अभिवृद्धि करती है। शायद आपको यह जानना दिलचस्प लगे कि हमारी एक वर्ग सेंटीमीटर त्वचा में 30 लाख कोष, 100 स्वेद ग्रंथियां 15 तेल ग्रथियां, 1 मीटर रक्त वाहीनी, 4 मीटर नाड़ियां, 25 स्पर्श अनुभव कराने वाले तंत्र तथा पीड़ा अनुभव कराने वाली नाड़ियों के लगभग दो दौ सिरे मौजूद होते हैं।

इन बातों का ध्यान रखें

✦ वजन कम करने पर बाहों, छाती व जांघों की त्वचा पर निशान दिखाई देते हैं। इसलिए वजन कम करते समय इस बात का ध्यान रखें कि तेजी से वजन कम न करें।

- यदि आप वजन कम करने के साधन अपना रही हैं, तो छाती, बांहों व जांघों की त्वचा की विशेष देखभाल करें। वजन कम करने वाले दिनों में, इन हिस्सों पर नियमित दो-तीन बार जैतून के तेल की मालिश करें। सप्ताह में एक बार चार चम्मच खुबानी, एक चम्मच नीबू का रस, एक चम्मच हलदी मिलाकर लगाएं। इससे त्वचा पर निशान नहीं पड़ते हैं।
- गर्भावस्था में पेट की ऊंचाई बढ़ जाने पर दिन में दो-तीन बार जैतून के तेल की मालिश करें। इससे त्वचा के मेलानिन तत्त्व समान रूप से फैलते हैं, जिससे पेट की धारियां दिखाई नहीं देती हैं।
- त्वचा को स्वस्थ, सुन्दर और कांतिमय बनाए रखने के लिए इसकी नियमित सफाई बेहद जरूरी है।
- त्वचा से पसीना निकलना एक सहज एवम् प्राकृतिक क्रिया है, पसीना नहीं आने का अर्थ है कि त्वचा के रोम छिद्र बंद हो गए है। इससे कई प्रकार के चर्म-रोग हो सकते है।

इन्हें आजमाएं

- स्नान करने के पूर्व प्रतिदिन पेट पर कच्चा दूध, मलाई या मक्खन की मालिश करने से पेट की त्वचा सुंदर व आकर्षक बनी रहती है।
- दो चम्मच चोकर, एक चम्मच मलाई, एक चम्मच गुलाबजल, दो-तीन बूंद नीबू का रस मिलाकर पेट की त्वचा पर लगाकर रगड़-रगड़कर त्वचा को साफ करें। इससे त्वचा पर जमी मैल और मृत कोशिकाएं आसानी से निकल जाती हैं। यह प्रयोग सप्ताह में एक बार करने से पेट की त्वचा साफ, सुंदर व आकर्षक बनी रहती है।
- गर्भावस्था तथा प्रसव के बाद दो चम्मच खुबानी, आधा चम्मच हलदी, चार-पांच बूंद नीबू का रस मिलाकर, सप्ताह में एक बार पेट की त्वचा पर लगाने से त्वचा की धारियां गहरी नहीं होतीं। खुबानी, हलदी और नीबू में पाए जाने वाले तत्त्व मेलानिन त्वचा को सही तरीके से फैला देते हैं, जिससे लाइन गहरी नहीं बनती।

- त्वचा में किसी प्रकार का चर्म रोग होने पर अच्छे किस्म के औषधियुक्त कीटाणुनाशक साबुन से स्नान कीजिए।

- त्वचा में खुजली होने पर ताजे नारियल और टमाटर का रस मिलाकर मालिश करें।

- पके हुए पपीता के गूदे को मसल कर चेहरे पर लेप करने से चेहरे की त्वचा कोमल व आभावान हो उठती है।

कमर का सौंदर्य

चौड़ी, मोटी, बेडौल कमर आपकी सुंदरता, अच्छी चाल और चुस्तपन को समाप्त कर देती है। दिनभर ऑफिस में बैठकर कार्य करने वाली कामकाजी महिलाओं तथा घर में रहकर कुछ भी कार्य न करने वाली महिलाओं की कमर पर अनावश्यक चर्बी बढ़ना स्वाभाविक है। कमर के सौंदर्य के प्रति हमेशा सचेत रहना चाहिए। खान-पान व व्यायाम में थोड़ी-सी चूक हुई नहीं कि कमर का सौंदर्य नष्ट हो जाता है। समुन्नत उरोज और आकर्षक नितम्बों जितना ही महत्व नारी सौंदर्य में छरहरी पतली और लचकदार कमर का है। रीतिकालीन कवियों ने स्त्रियों की कमर के सौंदर्य के जो मापदंड वर्णित किए है, वह तो अतिशियोक्तिपूर्ण हैं, किन्तु सुडौल कमर जहां अच्छे सौंदर्य की प्रतीक होती है, वहीं स्वस्थ शरीर का एक भाग भी होती है।

इन बातों का ध्यान रखें

✦ कमर की सुंदरता के साथ उसकी स्वच्छता पर भी ध्यान दें। कमर का हिस्सा ढका रहने की वजह से इस हिस्से में पसीना अधिक आता है। कमर की नियमित ठीक से देखभाल न करने से मैल और मृत कोशिकाओं के जमने की संभावना अधिक रहती है। इसलिए कमर की नियमित सफाई पर उचित ध्यान दें।

✦ कमर का आकर्षण खत्म न हो, इसके लिए भोजन के प्रति विशेष रूप से सतर्क रहने की आवश्यकता होती है। संतुलित आहार लें, अत्यधिक कैलोरीयुक्त पदार्थों का सेवन न करें। मीठी चीजें व स्टार्च का सेवन कम करें। दही, पनीर, अंकुरित खाद्यान्न, ताजे मौसमी फल, हरी सब्जियों को अपने भोजन में शामिल करें।

- कमर को पतली बनाए रखने के लिए नियमित व्यायाम करें। रस्सी कूदना, तैरना, नृत्य, योगासन करें। प्रातः तेज गति से चलकर कुछ दूर तक घूमें।

- इस गलतफहमी में न रहें कि कमर पर चौड़ा कपड़ा बांधने से कमर का चौड़ा होना रुक जाएगा। ऐसा करने से कमर का आकार और अधिक बिगड़ जाता है। इससे कमर पर लकीरें भी पड़ जाती हैं, जो कमर के सौंदर्य को और बिगाड़ देती हैं।

- बैठने की मुद्रा पर भी ध्यान दें। ऑफिस में काम करने वाली महिलाओं को अधिक समय तक कुर्सी पर बैठे रहना पड़ता है। यदि वे आगे झुककर हमेशा काम करती हैं, तो उनकी कमर का घेरा बढ़ जाता है। इसलिए कुर्सी पर सीधी बैठकर काम करें।

- ऊंची एड़ी के जूते-चप्पल पहनने से भी कमर का घेरा बढ़ जाता है।

- चलने का अंदाज भी कमर के सौंदर्य को बिगाड़ देता है। कैटवाक वाली मुद्रा में चलें। इससे कमर की लचक भी बरकरार रहेगी।

- कमर को पतली व छरहरी बनाए रखने के लिए अधिक डाइटिंग के चक्कर में न रहें। इससे कमर पतली तो नहीं होती, उलटे स्वास्थ्य पर बुरा असर पड़ता है।

- रात्रि में सोते समय कमर को ढीला रखें। यानी कमर पर कुछ न बांधें, गाउन या मैक्सी पहनें। इससे कमर को दिन भर के बंधन से मुक्ति मिलेगी।

- कमर में रिंग डालकर सर्कस के कलाकारों की तरह कमर को हिलाते हुए रिंग को घुमाएं (यह क्रिया कुछ दिनों के प्रयास के बाद आसानी से की जा सकती है)। यह क्रिया करने से कमर सुडौल व लचकदार बनी रहती है।

- भारी वजन उठाना और निरंतर लंबे समय तक कब्ज रहने से कमर-दर्द की आंका हो सकती है, अतः इनसे बचें।

✦ स्त्रियों में प्रसव के पश्चात कमर सम्बन्धी समस्याएं उत्पन्न होने की संभावनाएं अधिक रहती हैं। इसलिए प्रसव के पश्चात उचित व्यायाम और संतुलित आहार योजना पर अधिक ध्यान दें।

कमर के सौंदर्य के लिए उपाय

✦ गेहूं का चोकर चार चम्मच, आध चम्मच नमक, दो चम्मच मिल्क पाउडर लें। इसमें मिनरल वाटर मिलाकर पेस्ट बना लें। इस पेस्ट से कमर के आस-पास के क्षेत्र को अच्छे प्रकार से रगड़कर साफ करें। फिर ठंडे पानी से कमर को धो लें। चोकर में पाए जाने वाले तत्त्व सेल्युलोज, फासफोरस, कैल्शियम, आयरन, मैग्नीशियम, पोटेशियम, कापर, विटामिन 'ए', 'बी-काम्पलेक्स' तथा नमक के तत्त्व सोडियम आयन्स मृत कोशिकाओं को अच्छी तरह से निकाल देते हैं। दूध में पाए जाने वाले तत्त्व क्लींजर त्वचा को ब्लीच कर गहराई तक सफाई करते हैं और त्वचा को पोषण भी देते हैं।

✦ कमर पर नाड़ा या साड़ी कसकर न बांधें। इससे इस क्षेत्र की त्वचा काली पड़ जाती है। इस बात का भी ध्यान रखें कि गलत नाप की पैंटी (टाइट पैंटी) पहनने से भी कमर पर निशान पड़ जाते हैं और त्वचा काली हो जाती है। कमर के निशान व कालापन दूर करने के लिए उस स्थान पर आलू के स्लाइज रगड़ें। इसके बाद दो चम्मच मलाई में आधी चम्मच हलदी मिलाकर, कमर की त्वचा पर हलके हाथों से अच्छी तरह से मालिश करें। आलू में पाए जाने वाले एंजाइम त्वचा के कालेपन को दूर कर देते हैं। मलाई तथा हलदी के तत्त्व त्वचा को साफ, मुलायम व खूबसूरत बनाते हैं। इस विधि को नियमित किया जा सकता है।

✦ कमर की सुडौलता के लिए लकड़ी के सख्त तख्त पर नियमित रूप से एक घंटे तक सीधे लेटने का अभ्यास करें।

✦ ऊंचाई पर रखी वस्तु को उतारने के लिए पंजों के बल खड़े होने से कमर की मांस पेशियां मजबूत होती हैं।

- ✦ बार-बार कमर को झुकाने वाले कार्य लगातार ज्यादा समय तक नहीं करें।
- ✦ भोजन में कच्चे फलों व सलाद का भरपूर उपयोग करें।

हाथों का सौंदर्य

हाथ आपके व्यक्तित्व और आदतों का आईना होते हैं। सुंदर हाथों का प्रभाव सुंदर चेहरे पर भी पड़ता है। अभिवादन करते, हाथ मिलाते, किसी भी वस्तु का आदान-प्रदान करते समय सबसे पहले हाथ ही सामने आते हैं। ऐसे में खुरदरे, गंदे, भद्दे, मैले, बेतरतीब रूप से बढ़े हुए नाखूनों में फंसे हुए मैल व मैले हाथ को देखकर, सामने वाले को उबकाई-सी होने लगेगी।

अधिकांश भारतीय महिलाएं अपने हाथों के प्रति घोर लापरवाह होती हैं। विवाह के बाद तो वे और भी अधिक लापरवाह हो जाती हैं। यह बात जरूर है कि भारतीय गृहिणियों को झाडू लगाना, बर्तन धोना, कपड़े धोना आदि सभी कार्य स्वयं करने होते हैं, जिसकी वजह से उनके हाथों का आकर्षण खोना एक स्वाभाविक बात है। महिलाएं यदि हाथों के सौंदर्य के प्रति सचेत रहें, तो हाथों को सौंदर्यविहीन होने से बचा सकती हैं।

हाथों के सौंदर्य की देखभाल के लिए हाथ को हथेली, कोहनी, नाखून और बांहों में बांट लें, ताकि आप अपने हाथों की देखभाल बिल्कुल सही तरीके से कर सकें।

हाथ के ऊपरी भाग की त्वचा काफी कोमल और पतली होती है, जिसकी वजह से हाथों पर झुर्रियां जल्दी पड़ जाती हैं, और इनसे बढ़ती उम्र का पता चल जाता है। हथेली के निचले हिस्से की त्वचा कठोर और मोटी होती है। इस भाग में किसी प्रकार की तैलीय ग्रंथि नहीं होती है, जिससे साबुन, डिटरजेंट, सोडा, कठोर पानी आदि के संपर्क में आते ही हाथ का वह हिस्सा शीघ्र फटने लगता है।

धूप में निकलने पर सूर्य की अल्ट्रावॉयलेट किरणें बाहों पर सीधे पड़ती हैं, जिसकी वजह से बाहों की त्वचा का मेलानिन नामक पिगमेंट काफी उत्तेजित होकर काला पड़ जाता है। स्लीवलेस कपड़े पहनने पर बाहों के प्रति हमेशा सजग रहना जरूरी है। बाहों के साथ-साथ कोहनियों की साफ-सफाई पर भी ध्यान देना जरूरी है, वरना कोहनियां अपनी सुंदरता खो बैठती हैं। कोहनियों पर मैल की परत और मृत कोशिकाओं के जम जाने पर कालापन आ जाता है। कोहनियों पर मैल की परत और मृत कोशिकाओं को जमने न दें। इसलिए जरूरी है कि स्नान करते वक्त कोहनियों की नियमित सफाई करें। हाथ शरीर का वह हिस्सा है, जो सर्वाधिक सक्रिय रहता है। चेहरे की अपेक्षा हाथों की त्वचा में स्निग्धता बहुत कम होती है, इसलिए रूखेपन की शिकायत अकसर हो जाती है। परिचय के पहले पायदान पर ही हाथों का उपयोग होता है, चाहे नमस्कार की मुद्रा मे हाथ जोड़कर अभिवादन हो या किसी से हाथ मिलाना हो। अत हाथों को व्यक्तित्त्व का प्रथम परिचय भी कहा जाता है।

इन बातों का खास ध्यान रखें

✦ सप्ताह में एक बार मेनीक्योर अवश्य करें।

✦ कपड़े धोते, बर्तन साफ करते, बगीचे का काम करते, पेंट आदि करते समय हाथों पर ग्लब्ज (रबड़ के दस्ताने) चढ़ा लें। इससे आपके हाथ सुरक्षित रहेंगे।

✦ यदि आप ऐसा नहीं कर पाती हैं, तो इन कामों को करने के बाद हाथों को ठंडे पानी से अच्छी तरह धोकर तुरन्त हाथों पर मलाई या जैतून का तेल लगाएं।

✦ सब्जी काटने से पहले हाथों पर मूंगफली, सरसों, जैतून में से किसी एक का तेल लगा लें। इससे हाथों पर निशान नहीं पड़ेंगे।

✦ हाथों को अधिक देर तक गीला न रखें। इससे हाथों की त्वचा शुष्क हो जाती है तथा हैगनेल की समस्या उत्पन्न हो जाती है, जिसमें नाखूनों के आस-पास की त्वचा ढीली और बेजान-सी हो जाती है।

- हाथों की त्वचा को सुंदर व आकर्षक बनाए रखने के लिए आप अपने भोजन में विटामिन 'ए', 'बी', 'सी', 'डी', कैल्शियम, आयरन व प्रोटीन से भरपूर खाद्य पदार्थों को शामिल करें।
- हाथों के सौंदर्य के लिए व्यायाम करें। अपने दोनों हाथों की मुट्ठियों को जल्दी-जल्दी खोलें-बंद करें। ऐसा पंद्रह-बीस बार करें। उंगलियों को फैलाएं और फिर आपस में जोड़ें। यह क्रिया भी पंद्रह-बीस बार करें। इससे हाथों की उंगलियां अधिक सुंदर और आकर्षक होंगी।
- मुट्ठी बांधकर हाथ की कलाई को घड़ी की दिशा में दस-पंद्रह बार घुमाएं, फिर घड़ी की उल्टी दिशा में घुमाएं। इससे कलाई में लचीलापन आएगा। तैरना, रस्सी कूदना आदि व्यायामों से बाहों का सौंदर्य बढ़ता है।
- हाथों पर नियमित रूप से उबटन या मालिश करने से मृत त्वचा के स्थान पर नई त्वचा आ जाती है।
- तेज धूप में बाहर निकलें, पर हाथों में 'हैंड लोशन' या क्रीम लगा लेने से सनबर्न या धब्बे नहीं पड़ते।
- हथेली पर अच्छी तरह नींबू रगड़ने से हाथों की कठोरता दूर होती है।
- शयन से पूर्व गुनगुने पानी में सेंधा नमक डालकर हाथों को डुबाए रखने से हाथों की थकान दूर होती है।

मेनीक्योर

हाथों की सफाई की विधि को मेनीक्योर कहा जाता है। मेनीक्योर सप्ताह में एक बार की जा सकती है। मेनीक्योर करने से हाथों की त्वचा कोमल, स्वस्थ, सुंदर व सुडौल बनती है।

सामग्री : दो मगों में गुनगुना पानी, आधा नीबू, क्युटिकल पुशर, नेल फाइल, नेल कटर, आरेंज स्टिक, हैंड लोशन, नेल रिमूवर, रूई, टॉवेल।

विधि : सबसे पहले रूई में नेल-पॉलिश रिमूवर लगाकर नाखूनों पर लगी नेल-पॉलिश को अच्छी तरह साफ कर लें। नाखूनों को नेल कटर या फाइल से घिसकर सही आकार दें। अब दोनों हाथों को मगों के गुनगुने पानी में डुबो दें।

थोड़ी देर बाद हाथों को बाहर निकालकर आरेंज स्टिक से नाखूनों में फंसे मैल को साफ करें और क्युटिकल पुशर से क्युटिकल को हलके हाथों से अंदर की ओर ढकेलें। इससे नाखून लंबे व सुंदर दिखाई देंगे। (नाखूनों की जड़ के पास वाले भाग को क्युटिकल कहा जाता है)

अब नीबू को पानी में निचोड़ें। इस पानी में हाथों को कुछ देर तक डुबोकर रखें। नीबू के छिलके को नाखून पर रगड़ें। इससे नाखून साफ व सुंदर हो जाएंगे। नीबू के छिलके को हाथों की ऊपरी त्वचा पर भी रगड़ें। इससे यहां की मृत कोशिकाएं अच्छी तरह निकल जाएंगी।

हाथों को पानी से निकालने के बाद टॉवेल से अच्छी तरह पोंछकर सुखा लें। बाद में हाथों पर हैंड लोशन लगाएं।

हैंड लोशन : गुलाबजल, ग्लिसरीन, नीबू का रस तीनों को समान मात्रा में लेकर अच्छी तरह से फेंट लें। इसे शीशी में भर कर रख लें। यह एक अच्छा हैंड लोशन है। इससे हाथ मुलायम तथा त्वचा सुंदर व चमकदार बनती है। इसे किसी भी काम को करने के बाद हाथों पर लगाया जा सकता है।

हाथों के सौंदर्य को निखारने के लिए उपाय

✦ एक चम्मच बेसन में दो-चार बूंद नीबू का रस, इसमें आवश्यकतानुसार पानी मिलाकर पेस्ट बनाकर हाथों पर अच्छी प्रकार रगड़ें। हाथों को साबुन से धोने के बजाय यह तरीका अपना सकती हैं। इससे हाथों का कालापन और खुरदरापन दूर हो जाता है। बेसन मृत कोशिकाओं

को हटाकर त्वचा में निखार लाता है। इसमें पाया जाने वाले आयरन, मैग्नीशियम, जिंक आदि हाथ की त्वचा को निरोगी, खूबसूरत व मुलायम बनाए रखते हैं।

✦ एक चम्मच कच्चा दूध, एक चम्मच गुलाबजल, तीन-चार बूंद जैतून का तेल मिलाकर हाथों पर मलें। हाथ नर्म, मुलायम व कोमल बनेंगे। कच्चा दूध त्वचा की गहराई तक सफाई करता है। गुलाबजल त्वचा के लिए एक टॉनिक है।

✦ हाथों के खुरदरेपन व झुर्रियों को दूर करने के लिए आधे नीबू पर आधा चम्मच चीनी लेकर हाथों की त्वचा पर तब तक रगड़ें, जब तक कि चीनी पूरी तरह से घुल न जाए। आधा घंटे बाद, ठंडे पानी से हाथों को धो लें। नीबू और चीनी मृत कोशिकाओं को निकाल देते हैं। इनसे हाथों की त्वचा पर रक्त संचार बढ़ता है, जिससे हाथों की त्वचा साफ, मुलायम और सुंदर बनती है। हाथों की झुर्रियां भी खत्म होती हैं।

✦ हाथों पर दरारें पड़ने पर, उबले हुए हलके गर्म आलू रगड़ें। नियमित ऐसा करने से दरारें खत्म हो जाएंगी। आलू में पाए जाने वाले एंजाइम दरारें भरने में सहायक होते हैं।

✦ हाथ अधिक फटे व खुरदरे होने पर एक अंडे की जर्दी (पीला वाला हिस्सा) में एक चम्मच तिल का तेल, एक चम्मच गुलाबजल मिलाएं। इन्हें अच्छी तरह फेंटकर रात को सोते समय हाथों पर लगाएं। सुबह उठने के बाद नीबू मिले पानी से अच्छी तरह से हाथों को धो लें। अंडा त्वचा को पोषण भी देता है तथा नई कोशिकाओं की उत्पत्ति में सहायक भी होता है। तिल का तेल व गुलाबजल त्वचा को मॉइश्चराइज कर, हाथों को मुलायम व खूबसूरत बनाते हैं।

✦ हाथों पर घने रोएं अथवा बाल सौंदर्य के शत्रु होते हैं। हाथों के अवांछित बालों को महीने में एक दफा वैक्सिंग या ब्लीच करें।

✦ हाथों की सुन्दरता में मेंहदी का उपयोग बहुत महत्वपूर्ण है। खासतौर पर गर्मियों के मौसम में हाथों पर मेंहदी लगाने से न केवल सौंदर्य में वृद्धि होती है बल्कि हाथों को ठंडक भी मिलती है।

- हाथ न केवल सुन्दर होने चाहिए बल्कि ये सुडौल व मजबूत भी होने चाहिए। इसके लिए हाथों का व्यायाम आवश्यक है, बार-बार मुठ्ठी खोलने व बंद करने से हाथों का रक्त संचार बढ़ता है।
- आटा गूंधने से भी हाथों व अंगुलियों का अच्छा व्यायाम हो जाता है।
- हाथों, बांहों आदि की सफाई के लिए साबुन के स्थान पर बेसन, दूध या मसूर की दाल के उबटन का इस्तेमाल करें। यदि साबुन का उपयोग आवश्यक हो तो अच्छे किस्म का साबुन काम में लें।

कोहनियों की सुंदरता के लिए उपाय

- कोहनियों पर अधिक कालापन हो गया है, तो इस स्थिति में आधे नीबू पर दो चुटकी नमक छिड़ककर हलके हाथों से कोहनियों पर मलें। यह उपाय कुछ दिनों तक करने से कालापन दूर हो जाता है। नीबू पर नमक छिड़कने से एक प्रकार का अम्ल तैयार होता है, जो त्वचा के कालेपन को खत्म करता है। ध्यान रखें, नीबू पर बहुत अधिक नमक न छिड़कें, न ही अधिक तेजी से नीबू को त्वचा पर रगड़ें। इस उपाय का इस्तेमाल करने के तुरंत बाद कोहनियों को ठंडे पानी से धो दें।
- एक चम्मच बादाम का तेल, एक चम्मच शहद, दो चम्मच अंडे का सफेद वाला हिस्सा मिलाकर कोहनियों पर लगाएं। बीस मिनट बाद गुनगुने पानी से धोकर साफ कर लें। इससे कोहनियों का कालापन दूर होता है। अंडे में पाए जाने वाले तत्त्व, त्वचा की मृत कोशिकाओं के बंधन को नष्ट कर के निकाल देते हैं। बादाम का तेल व शहद त्वचा को मुलायम बनाए रखते हैं। अंडा मृत कोशिकाओं को हटाने के साथ-साथ त्वचा को पोषण भी प्रदान करता है तथा नई कोशिकाओं के उत्पन्न होने में मदद करता है।
- कोहनियों पर अधिक मृत कोशिकाएं जम जाने पर, यदि त्वचा सख्त व काली पड़ गई है, तो एक रूमाल को गुनगुने पानी में डुबोकर कोहनियों के सख्त वाले स्थान पर रखें, ताकि यहां की मैल फूल

जाए। इसके बाद आधे नीबू पर आधा चम्मच चीनी रखकर तब तक रगड़ें, जब तक कि चीनी गल न जाए। इसके बाद बीस मिनट तक सूखने के लिए छोड़ दें। बाद में गुनगुने पानी से धो लें। नीबू पर रखे चीनी के दाने मृत कोशिकाओं को अच्छी प्रकार निकाल देते हैं तथा कालापन दूर करते हैं। कोहनियों को सुंदर बनाने के लिए यह एक अच्छा उपाय है।

✦ अधिक मैल जमा होने पर कोहनियों पर अच्छी मात्रा में जैतून का तेल लगाकर आधे घंटे बाद, जब त्वचा नर्म पड़ जाए, ब्रा से रगड़ कर साफ कर लें।

बांहों को खूबसूरत बनाने के उपाय

✦ धूप में झुलसी त्वचा की समस्या को दूर करने के लिए एक चम्मच नीबू का रस, एक चम्मच खीरे का रस, एक चम्मच टमाटर का रस, एक चम्मच गुलाबजल, एक चम्मच शहद, एक चम्मच जैतून का तेल। इन सबको ठीक तरह से मिलाकर फेंट लें। इसे अपनी बांहों पर नियमित लगाएं। एक घंटे बाद बांहों को ठंडे पानी से धो लें। यह उपाय सूर्य की किरणों से झुलसी त्वचा की रंगत को दुबारा लौटा देता है।

✦ 50 मिली लीटर दूध में दस-बारह चिरौंजी का दाना दो घंटे के लिए भिगो दें। बाद में चिरौंजी के दानों को अच्छी तरह पीसकर, दूध में मिलाकर बांहों पर लगाएं। दूध अच्छे प्रकार का क्लींजर है। यह त्वचा की गहराई तक सफाई करता है तथा त्वचा को पोषण भी देता है। चिरौंजी का दाना त्वचा को मुलायम बनाता है तथा त्वचा में निखार लाता है।

✦ चार चम्मच चोकर, चार चम्मच दही, एक चम्मच शहद को अच्छी प्रकार मिला लें। इसे बांहों पर भली-भांति रगड़ें। ऐसा दस मिनट तक करें। इससे बांहों की त्वचा चिकनी और साफ होगी। चोकर के फाइबर त्वचा की अब्रेशन (घिसाई) कर मृत कोशिकाओं को निकाल देते हैं। दही और शहद त्वचा को ब्लीच कर उसे साफ व उजला बनाते हैं।

नाखूनों की सुंदरता के लिए

जिस प्रकार खूबसूरत चेहरे के लिए खूबसूरत बाल होना जरूरी है, ठीक उसी तरह सुन्दर हाथों पर स्वस्थ व सुन्दर नाखूनों का अपना महत्व होता है। कई बेहद सुन्दर हाथों वाली स्त्रियां अपने नाखूनों के प्रति लापरवाह होती हैं तथा नाखूनों को शरीर का एक उपेक्षित अंग समझती हैं। वास्तव में देखा जाए तो नाखून आपके स्वास्थ्य का आईना होते हैं। एक पूर्ण स्वस्थ व्यक्ति के नाखून कुदरती चमक और गुलाबी रंगत लिए होंगे जबकि पीले या सफेद नाखून व्यक्ति में खून की कमी, जिगर की बीमारी आदि रोगों की सूचना देते हैं।

नाखूनों की सुन्दरता के लिए

✦ नाखूनों को काटने से पहले उन पर लगी नेल पालिश को साफ कर लें।

✦ नाखूनों को कुछ देर पानी में डुबोकर रखने से वे आसानी से कटते हैं। नाखून अधिक सख्त होने पर नाखूनों को गुनगुने पानी में डुबोने के बाद काटें।

✦ नाखूनों को औजार की तरह इस्तेमाल करना, जैसे खरोंचना, खोदना, डिब्बे खोलना आदि का काम बिल्कुल न लें। इससे नाखूनों की खूबसूरती नष्ट होती है।

✦ नाखूनों की खूबसूरती व मजबूती के लिए अपने आहार में हरी सब्जियां, मौसमी फल, दूध, पनीर, अंकुरित खाद्यान्न आदि शामिल करें।

✦ नाखूनों की परत निकलने की समस्या होने पर अपने आहार में दूध, पनीर, दही, अंकुरित खाद्यान्न, सूखे मेवे व ताजे फल आदि शामिल करें।

- नाखून अधिक कमजोर होने पर अपने आहार में कैल्शियम युक्त पदार्थ, हरी सब्जियां, गांठ गोभी, दालें, ताजे फल आदि शामिल करें।

- नाखूनों पर सफेद धब्बे दिखाई देने पर आहार में नीबू, केला, खोया, दूध, गन्ना, खमीर, फालसा आदि की मात्रा बढ़ा देनी चाहिए।

- नाखूनों पर पीलापन दिखाई देने पर हरी सब्जियां, गाजर, सेब, दूध, पनीर, विटामिन तथा आयरनयुक्त पदार्थों का अधिक सेवन करना चाहिए।

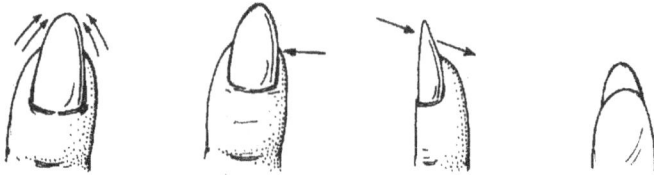

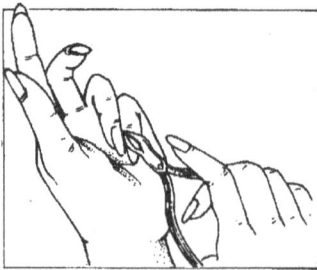

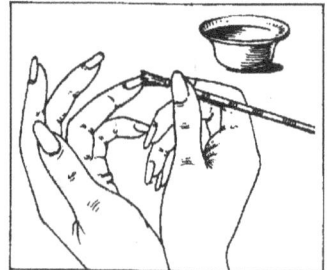

- नाखूनों पर हमेशा नेल पालिश लगाए रखने से नाखूनों को पर्याप्त मात्रा में ऑक्सीजन तथा अन्य पोषक तत्त्व नहीं मिल पाते हैं, जिससे नाखूनों की चमक गायब हो जाती है। इसलिए कुछ दिनों के लिए नेल पालिश लगाना बंद कर दें।

- नाखूनों की स्वाभाविक चमक में वृद्धि के लिए नाखूनों पर नारियल या तारपीन के तेल की मालिश करें।

- यदि नाखूनों की स्वाभाविक आभा खत्म हो गई हो तो अरंडी के तेल को गुनगुना गर्म कर उसमें कुछ देर के लिए नाखूनों को डुबोये रखें। इसे सप्ताह में कम से कम तीन बार दोहराएं।

- यदि नाखून सूख रहे हो तो जैतून के तेल का नियमित रूप से इस्तेमाल करें।
- प्रतिदिन नाखूनों पर फिटकरी की मालिश करने से ये मजबूत होते हैं।
- हाथ और नाखून के धब्बों को नींबू से साफ कीजिए। पानी से हाथ धोने के बाद नर्म तौलिये से नाखून के तीनों कोनो के मांस को पीछे की और हटाए। इससे नाखूनों का आकार और सुन्दर होगा।

इन्हें आजमाएं

- आधा चम्मच बादाम रोगन में दो-तीन बूंद नीबू का रस मिलाकर रुई के फाहे से सप्ताह में एक बार नाखूनों पर अच्छी प्रकार मालिश करें। नीबू नाखूनों पर जमी मृत कोशिकाओं को ब्लीच कर साफ कर देता है। बादाम रोगन नाखूनों को पोषण देकर मजबूत व सुंदर बनाता है।
- नाखूनों पर रोजाना बादाम का तेल मलने से नाखून सुंदर व चमकदार बनते हैं। बादाम में पाए जाने वाले तत्त्व नाखूनों को पोषण देकर सुंदर व चमकदार बनाते हैं।
- नाखूनों पर जैतून के तेल की नियमित मालिश करने से नाखून सुंदर, मजबूत और चमकदार बनते हैं। जैतून के तेल में अनेक प्रकार के तत्त्व पाए जाते हैं, जो नाखून को पोषण देकर सुंदर बनाते हैं।
- नाखूनों पर अधिक मैल जमी होने पर नीबू का छिलका लेकर नाखूनों पर मलें। नीबू में पाए जाने वाले तत्त्व नाखूनों को अच्छी तरह ब्लीच कर मृत कोशिकाओं को साफ कर देते हैं। इससे नाखून सुंदर व चमकदार दिखाई देने लगते हैं।
- नाखूनों पर दरारें दिखाई देने पर सरसों के तेल की नाखूनों पर सुबह-शाम मालिश करें।
- डिटरजेंट से हाथों व नाखूनों की सुरक्षा के लिए रबड़ के दस्ताने पहने। इससे आपके नाखून नर्म होकर नहीं टूटेंगे।

✦ नाखून टूट जाने पर अनार के पत्तों को पीसकर बांधने से दर्द दूर हो जाता है।

✦ यदि आपके नाखून नहीं बढ़ते हों तो गर्म पानी में नींबू निचोड़ कर उसमें पांच मिनट तक अंगुलियां रखे फिर तुरन्त हाथ को ठंडे पानी में रखे। इस क्रम को दो तीन बार दोहराएं।

पैरों का सौंदर्य

पैर शरीर का महत्त्वपूर्ण हिस्सा है। ये चलने व शरीर का भार उठाने और पूरे शरीर का संतुलन बनाए रखने का कार्य करते हैं। पैरों में 26 हड्डियां, 114 लिगामेंट तथा 21 प्रकार की मांसपेशियां होती हैं। पैरों की हड्डियों, मांसपेशियों और लिगामेंट से इसका बंधन व डिजाइन इतनी सुव्यवस्थित होती है कि आजीवन चलने पर भी उसमें कोई खराबी नहीं आती। पैरों के प्रति की गई लापरवाही के कारण पैरों में अनेक प्रकार की समस्या उत्पन्न हो जाती है। पैरों को स्वस्थ, सुडौल एवं आकर्षक बनाए रखने के लिए पैरों की उचित देखभाल करें। 'नख से शिख तक सौंदर्य' में पैरो की सुन्दरता का महत्वपूर्ण स्थान है। स्वस्थ व सुन्दर पैर आपके व्यक्तित्त्व का अहम हिस्सा हैं। पैरो की देखभाल उचित प्रकार से व समय-समय पर करना अत्यन्त आवश्यक हैं।

इन बातों पर ध्यान दें

✦ पैरों के स्वास्थ्य एवं सुंदरता के लिए सही नाप का जूता पहनें। गलत नाप के जूते पहनने से पैरों में कई प्रकार की समस्याएं उत्पन्न हो जाती हैं। तंग जूते पैरों की त्वचा को सख्त बनाते हैं तथा एड़ियों व उंगलियों पर गांठ बनाते हैं।

✦ लगातार अधिक देर तक खड़े रहने से पैरों में सूजन आ जाती है, किन्तु लगातार चलने से पैरों को कोई नुकसान नहीं होता है।

✦ मोजे (जुराबें) सही नाप की पहनें। तंग मोजे पहनने से पंजे तथा मांसपेशियां कस जाती हैं, जिससे रक्त संचार में बाधा पहुंचती है और पैरों का सौंदर्य बिगड़ जाता है।

65

- एक ही मोजे को कई दिनों तक पहनने से पैरों में संक्रमण हो जाता है। पैरों से बदबू भी आने लगती है, इसलिए हर रोज साफ धुले हुए मोजे पहनें।
- गलत ढंग से चलने व खड़े होने से पैरों का सौंदर्य बिगड़ जाता है। कैटवाक की तरह चलें। इससे पैरों और कमर की लचक बनी रहती है।
- खड़े होने पर दोनों पैरों पर बराबर जोर देकर खड़े हों। एक पैर पर जोर देकर खड़े होने पर पैर की मांसपेशियों पर जोर पड़ता है, जिससे पैरों का सौंदर्य बिगड़ जाता है।
- अधिक ऊंची हील के जूते व चप्पल न पहनना ही उचित है। इससे पैरों का आकार व सौंदर्य बिगड़ जाता है।
- पैरों में हमेशा नमी बने रहने से फंगल इंफेक्शन हो जाता है, जिससे पैरों की उंगलियों के बीच की त्वचा सफेद पड़ जाती है। इसमें खुजली व दर्द होने लगता है। स्नान के बाद उंगलियों के बीच के हिस्से को अच्छी तरह साफ करें, जिससे वहां नमी न रह जाए।
- बाहर से लौटने के बाद पैरों को पानी से अच्छी तरह से धो लें। जिससे पैरों पर जमी धूल, मिट्टी और पसीना अच्छी तरह साफ हो जाए।
- हफ्ते में एक बार पेडीक्योर अवश्य करें। इससे पैर स्वस्थ व सुन्दर बनते हैं।
- जूता खरीदते वक्त दोनों पैरों में जूते डालकर देखें। ये आरामदायक व पैरो में फिट होने चाहिए। जूते खरीदने का वक्त दोपहर का चुने क्योंकि शोध से ये साबित हो चुका है कि दोपहर के वक्त ही पैरों की सही साइज का पता चलता है।
- सुबह-सुबह आधा घंटा नंगे पैर हरे घास पर जरूर टहलें थकावट दूर होगी।

✦ पानी में अधिक देर तक पैरो को न रखे। पैर जब भी गीले हों उन्हें सूखे तौलिऐ से पौछ कर अच्छी सी क्रीम लगा लें वरना दाद होने का खतरा बना रहेगा।

पेडीक्योर

पेडीक्योर पैरों की सफाई करने की विधि है। इसे सप्ताह में एक बार किया जाए, तो पैर साफ, सुंदर और मुलायम बने रहते हैं।

सामग्री : एक बड़ा-सा टब, पैर के मोजे के हिस्से तक गुनगुना पानी, एक नीबू, नेल रिमूवर, नेल फाइल, क्युटिकल पुशर, फुट स्क्रबर या झांवां, रुई, आरेंज स्टिक तथा रोएंदार टॉवेल।

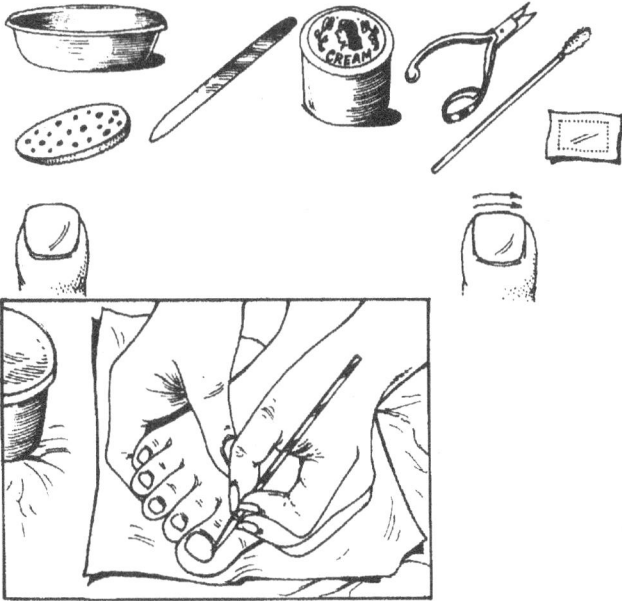

विधि : पेडीक्योर करने के पहले नाखून पर लगी नेल पालिश को नेल रिमूवर से छुड़ा लें। इसके बाद नेल फाइल से नाखूनों को घिसकर आकार दें।

गुनगुने पानी में नीबू को निचोड़ दें। इस पानी में अपने दोनों पैरों को डुबो दें। आरेंज स्टिक से रगड़कर नाखूनों में फंसे मैल और मृत

67

कोशिकाओं को हलके हाथों से पीछे की ओर ढकेलें। फुट स्क्रबर या झांवे से एड़ियों को रगड़कर, इस पर जमी मृत कोशिकाओं को अच्छी तरह निकाल दें।

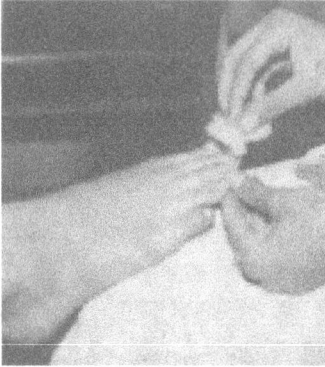

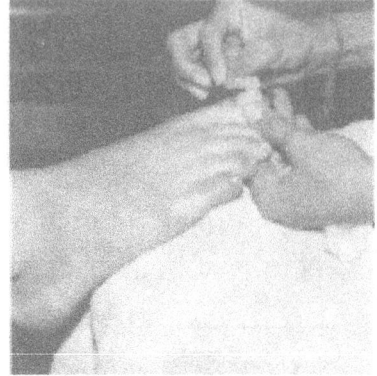

अंत में नीबू के छिलके को पैर की त्वचा और नाखूनों पर रगड़ें। इससे त्वचा व नाखून साफ तथा चमकदार हो जाएंगे।

पैरों को पानी से बाहर निकालकर रोएंदार टॉवेल से अच्छी तरह सुखा लें। उंगलियों के बीच के स्थान को भी अच्छी तरह सुखाएं।

पैरों की गांठ दूर करने के उपाय

- चार लीटर गुनगुने पानी में, चार चम्मच नमक मिलाएं। इस पानी में 10 मिनट तक पैरों को डुबोएं। इससे पैर की त्वचा मुलायम हो जाएगी। अब स्क्रैबर से गांठ की त्वचा को हलका-हलका खुरचें। (एक बार में गांठ को पूरी तरह से खुरचकर न निकालें। लगातार कई दिनों में गांठ को निकालें) गांठ वाले स्थान पर मक्खन या मलाई लगाएं। पैरों में गांठ न हो, इसके लिए सही नाप का जूता पहनें।
- एड़ी के ऊपर वाली हड्डी के पास मैल की मोटी परत जमने या गांठ पड़ने पर, उस स्थान पर 50 ग्राम गुड़ में एक चम्मच हलदी मिलाकर, गाढ़ा पेस्ट बनाकर लगाएं। इसे आधा घंटे तक लगा रहने दें। फिर ठंडे पानी से धो लें। गुड़ व हलदी वहां की मृत कोशिकाओं को हटाकर त्वचा को मुलायम बना देते हैं।

- नहाने के लगभग एक घंटा पहले शहद व ग्लिसरीन को समान मात्रा में मिलाकर गांठ पर लगाएं। एक घंटा बाद धीरे-धीरे रगड़-रगड़ कर उतारें। गुनगुने पानी से धो दें। बेसन व हल्दी की उबटन बनाकर उससे मसाज करते हुए नहालें। कुछ दिनो में गांठ खत्म होने लगेगी।

पैर की बदबू (दुर्गंध) दूर करने के उपाय

- एक बड़े बर्तन में इतना गुनगुना पानी लें कि आपके पैर मोजे के स्थान तक डूब जाएं। इस पानी में दो चम्मच नमक तथा आधा नीबू का रस मिला दें। इस पानी में पैरों को कुछ देर तक डुबो दें। नीबू के छिलके को पंजों और एड़ियों पर भली-भांति मलें। नीबू अच्छे किस्म का फ्रेशनर है, जो दुर्गंध दूर करने के साथ-साथ पैरों को ताजगी और शीतलता भी देता है। छिलके को रगड़ने से त्वचा पर जमी मृत कोशिकाएं निकल जाती हैं।
- दो लीटर गुनगुने पानी में दो चम्मच पुदीने का रस मिलाएं। इस पानी में अपने पैरों को 10-15 मिनट तक डुबोकर रखें। पुदीना में विटामिन 'सी', आयरन, फालिक एसिड आदि तत्त्व पाए जाते हैं। पुदीना में पाया जाने वाला एक प्रकार का तेज गंध वाला तत्त्व पैरों की दुर्गंध को दूर कर देता है।
- दो चम्मच नमक में आधा चम्मच सरसों का तेल मिलाकर पैरों में अच्छी प्रकार मलें। 10 मिनट के बाद पैरों को ठंडे पानी से धो लें। सरसों के तेल में पाया जाने वाला एलिल आइसो थायोसायनेट नामक तत्त्व, पसीने से उत्पन्न होने वाले बैक्टीरिया को दूर कर देता है, जिससे पैरों की दुर्गंध दूर हो जाती है। यह प्रयोग सप्ताह में दो बार करें।
- दो लीटर पानी में दो चम्मच चाय की पत्ती मिलाकर अच्छी प्रकार उबाल लें। गुनगुना रहने पर इसमें अपने पैरों को 10-15 मिनट तक डुबोकर रखें। चाय की पत्ती में पाए जाने वाले टेटीन और फैटीन तत्त्व पैरों में अधिक पसीना आने की समस्या को दूर करते हैं।

✦ पैरों को पानी से अच्छी तरह से धोने के बाद टॉवेल से पोंछकर सुखा लें। अब गुलाबजल में भीगी रुई के फाहे को पैरों पर रगड़ें। गुलाबजल में मौजूद टेनिक एसिड, मैलिक एसिड तथा प्राकृतिक खुशबू आदि तत्त्व पैरों की दुर्गंध को दूर कर देते हैं। यह पैरों को मुलायम व सुंदर भी बनाता है।

पैरों की थकान दूर करने के उपाय

✦ पैरों की थकान दूर करने के लिए पैरों को ठंडे पानी में डुबोकर रखें या बर्फ मलें। इससे पैरों की मांसपेशियों में संकोचन उत्पन्न होगा और रक्त प्रवाह तेजी से बढ़ेगा, जिससे पैरों की थकान दूर हो जाती है।

✦ पैर अधिक थके होने पर बारी-बारी से ठंडे पानी व गुनगुने पानी के छींटे मारें। पैरों की कोशिकाओं में तेजी से तापमान बदलने से मांसपेशियों में रक्त प्रवाह तेज हो जाता है, जिससे पैरों की थकान शीघ्र दूर हो जाती है।

✦ लंबे समय तक पैरों को लटकाकर रखने से पैरों में सूजन व थकान हो जाती है। इसे दूर करने के लिए, आधी बाल्टी गुनगुने पानी में 10-15 मिनट तक पैरों को डुबोकर रखें। गुनगुना पानी पैरों की मांसपेशियों में रक्त संचार को तेज करता है। सेंधा नमक सूजन व दर्द को दूर कर पैरों को राहत देता है।

✦ गर्मी के दिनों में थकान की वजह से पैरों में दर्द व जलन होने पर पैरों के तलवों में मेहंदी लगाएं। मेहंदी में पाए जाने वाले तत्त्व पैरों को आराम व ठंडक देते हैं।

✦ समुद्र किनारे ठंडी-ठंडी रेत पर थोड़ी देर टहलें। नर्म घास पर नंगे पैर चलने से भी पैरों की थकान दूर होती है।

✦ पैरो पर क्रीम से मसाज करें। फिर पैरो को खीचे और पैर का अगला भाग गोल-गोल घुमाऐं। मालिश और कसरत करना थके पैरो को बहुत आराम देता है।

एड़ियों का ‍फटना

च‍प्पलों से झांकती गंदी, मैली, खुश्क, फटी, दरारों में धूलभरी एड़ियां सौंदर्य में दाग लगा देती हैं। एड़ियां अधिक फट जाने पर चलते समय उनमें दर्द होने लगता है, जिससे चाल बिगड़ जाती है। इसलिए शरीर के अन्य अंगों के साथ-साथ एड़ियों की भी उचित देखभाल करनी चाहिए, ताकि एड़ियां कोमल व खूबसूरत बनी रहें। ठंड के दिनों में एड़ियां अधिक फटती हैं। इस मौसम में एड़ियों के प्रति विशेष ध्यान देने की आवश्यकता होती है। प्रत्येक महिला के लिए एड़ियों का सौंदर्य उतना ही आवश्यक है जितना और अंगो का। चूंकि एड़ियां पैर का एक अहम हिस्सा है, जो कभी-कभी आपकी लापरवाही का किस्सा बयां कर देती हैं। अतः एड़ियों की देखभाल आवश्यक है।

एड़ियां फटने के कारण

✦ एड़ियों की सफाई की ओर विशेष ध्यान न देने से एड़ियां फटने लगती हैं। एड़ियों पर जमी धूल, मिट्टी व मैल की वजह से, एड़ियों की त्वचा में रक्त संचार ठीक से नहीं हो पाता है, जिसकी वजह से एड़ियों की दरारें गहरी हो जाती हैं। इन गहरी दरारों में गंदगी जमा होने पर दर्द होने लगता है और अधिक फट जाने पर इनमें से खून निकलने लगता है।

✦ शीत काल में मौसम की खुश्की व नमी की वजह से पैर की त्वचा की स्वेद ग्रंथियों से सिबेशियस सेक्रिसन नामक एक प्रकार का स्राव निकलता है, जिसके कारण त्वचा सूखने लगती है और ठंडी हवाओं के संपर्क में आकर फटने लगती है।

71

◆ नंगे पैर घूमने से भी एड़ियां फटने लगती हैं। होता यह है कि नंगे पैर घूमने से एक प्रकार की फफूंदी (फंगस) पैरों के संपर्क में आ जाती है। टी-रुबैला नामक यह फफूंदी धीरे-धीरे बढ़ने लगती है और पैरों की एड़ियों में फैलकर त्वचा को फाड़ देती है।

◆ घर में धुलाई व सफाई के लिए इस्तेमाल किए जाने वाले डिटर्जेंट पाउडर, साबुन की वजह से भी एड़ियां फटने लगती हैं। कीचड़ तथा पानी में अधिक देर तक रहने व प्लास्टिक के जूते-चप्पल पहनने से भी एड़ियां फटने लगती हैं।

◆ मधुमेह व मोटापे की वजह से शरीर का भार पैरों पर अधिक पड़ने की वजह से भी एड़ियां फटने लगती हैं।

◆ एड़ियो के रख-रखाव पर पर्याप्त ध्यान न देने के कारण एड़ियों पर मैल व धूल की परतें जम जाती है। जो त्वचा में दरारें पैदा कर देती हैं।

◆ बारिश के मौसम में गीली चप्पलें अधिक देर तक पहने रहना या ज्यादा समय पैरों का गीला रहना भी एड़ियों के फटने का एक प्रमुख कारण है।

◆ तेल-मसालेदार चीजें, रूखा-सूखा खाना, बासी खाना, फास्ट फूड, तीखी वस्तुएं (मिर्च) आदि का अधिक सेवन करने से एड़ियों में दरारें पड़ जाती हैं।

◆ शरीर में आयरन, विटामिन, कैल्शियम आदि की कमी से भी एड़ियां फटने लगती हैं।

इन बातों का ध्यान रखें

◆ एड़ियों की सुरक्षा के लिए नंगे पैर न घूमें। सर्दियों में मोजे (जुराब) अवश्य पहनें।

◆ बाहर से आने के बाद पैरों को अच्छी तरह धोकर सूखे टावेल से सुखा लें।

◆ साबुन, डिटर्जेंट पाउडर, कास्टिक सोडा, बर्तन धोने वाले बार आदि से अपने पैरों को बचाएं।

- स्नान के समय नियमित रूप से एड़ियों को पानी से तर करके फुट स्क्रबर, प्यूमिक स्टोन या झांवे से रगड़कर मृत कोशिकाओं को साफ कर लें। नेल ब्रुश से नाखूनों को भी साफ करें।
- एड़ियां फटने पर इसकी उपेक्षा न करें। क्योंकि फटी एड़ियों में कीटाणुओं के संक्रमण होने का भय रहता है, जिसके कारण स्थिति खतरनाक भी हो सकती है।
- एड़ियों में अधिक दरारें होने पर आधी बाल्टी गुनगुने पानी में चार चम्मच नमक डालें। इस पानी में अपने पैरों को 10-15 मिनट तक डुबोकर रखें। इससे एड़ियों की त्वचा नरम हो जाएगी। अब फुट स्क्रबर से रगड़कर एड़ियों को साफ कर लें। ऐसा रोजाना करने से कुछ दिनों में दरारें कम हो जाएंगी।
- पैरों की एड़ियों पर रोजाना एप्रिकॉट-क्रीम की मालिश करें और मौजे पहने लें।
- हफ्ते में एक बार पैरों को गुनगुने पानी में गला कर अच्छे से साफ अवश्य करें।
- एड़ियों की सुंदरता के लिए नियमित रूप से 10 मिनिट व्यायाम करें।
- अपने भोजन में कैल्शियम का अधिक मात्र में प्रयोग करें।
- पीपल के पत्तों को तोड़कर दूध इकठ्ठा करें और उसे फटी एड़ियों में भर लें। एड़ियां मुलायम हो जाएंगी।
- कच्चा प्याज पीसकर एड़ियों पर बांध लें। एड़ियां सुन्दर व कोमल हो जाएगी।
- देशी घी व बोरिक पाउडर को मिलाकर पेस्ट बना लें। एड़ियों पर इसकी मसाज करें। एड़ियां आश्चर्यजनक रूप से सुन्दर हो जाएंगी।

एड़ियों की सुंदरता के लिए उपाय

- रात को सोते समय पैरों को साफ कर, एड़ियों पर दूध, मलाई, मक्खन, नारियल का तेल या जैतून के तेल की मालिश करें। दूध, मलाई, मक्खन नारियल या जैतून का तेल अच्छे किस्म के मॉइश्चराइजर

हैं। ये एड़ियों की त्वचा को मुलायम बनाए रखते हैं और एड़ियां फटने की समस्या उत्पन्न नहीं होने देते।

- एड़ियों को अच्छी तरह धोकर टॉवेल से सुखा लें। एक चम्मच ग्लिसरीन, एक चम्मच गुलाबजल, एक चम्मच नीबू का रस, एक चम्मच शहद लें। इन सभी को अच्छी तरह मिलाकर एड़ियों पर लगाएं। यह उत्तम किस्म का मॉइश्चराइजर है। इससे एड़ियों की दरारें भरती हैं तथा एड़ियां मुलायम बनी रहती हैं।
- 50 ग्राम मोम, 50 ग्राम देशी घी, एक चम्मच हलदी मिलाकर अच्छी प्रकार गरम कर लें। इसे ठंडा करके रख लें। इसे फटी एड़ियों पर सुबह-शाम लगाएं। मोम, देशी घी व हलदी के तत्त्व फटी एड़ियों की दरारें भरकर समतल कर देते हैं, तथा एड़ियों को मुलायम बनाए रखते हैं।
- एड़ियां अधिक फटी होने पर, एक चम्मच सरसों के तेल में एक चम्मच हलदी डालकर गर्म कर लें। गुनगुना पेस्ट दरारों में लगाएं। यह प्रयोग नियमित करने से कुछ ही दिनों में एड़ियों की दरारें भर जाती हैं। सरसों के तेल में एलिम आइसों थायो सायनेंट तथा हलदी में पाए जाने वाले तत्त्व एड़ियों की दरारों को भर देते हैं।
- एक चम्मच नीबू का रस, एक चम्मच ग्लिसरीन, एक चम्मच आंवले का तेल मिलाकर फटी एड़ियों पर लगाने से एड़ियां प्लेन हो जाती हैं। यह उत्तम किस्म का मॉइश्चराइजर है। इसे नियमित इस्तेमाल करने से एड़ियां सुंदर व मुलायम बनी रहती हैं।
- आधा कटोरा दूध में एक ब्रेड तथा चार-पांच बूंद बादाम रोगन डालकर अच्छी तरह फेंट लें। इस पेस्ट को फटी एड़ियों पर रगड़ें। आधे घंटे बाद गुनगुने पानी से पैरों को धो लें। यह प्रयोग एड़ियों की धूल-मिट्टी को अच्छी तरह निकाल देता है। दूध और ब्रेड दरारों के अंदर तक जाकर एड़ियों को अच्छी तरह साफ कर देते हैं तथा मृत कोशिकाओं को निकाल देते हैं। बादाम रोगन का मॉइश्चराइजर एड़ियों को मुलायम रखता है।

बालों का झड़ना

सुंदर व आकर्षक व्यक्तित्व के लिए स्वस्थ व सुंदर शरीर के साथ-साथ बालों का सुंदर होना भी जरूरी है। बालों का संबंध यौनाकर्षण से भी है। पुरुष सुंदर, काले, घने व लंबे बालों वाली स्त्री को अधिक पसंद करते हैं। इसलिए स्त्री को अपने बालों के प्रति विशेष ध्यान देना चाहिए। बालों के प्रति लापरवाह होने से बालों का आकर्षण खत्म हो जाता है और बाल गिरने लगते हैं। बालों का उगना और गिरना प्राकृतिक क्रिया है। प्रतिदिन गिरने वाले बालों के स्थान पर नए बाल निकलते रहते हैं। रोजाना 20-30 बाल गिरना स्वाभाविक है। यदि इनसे अधिक बाल

गिर रहे हैं, तो बालों की सुरक्षा के प्रति विशेष ध्यान देना जरूरी है। सुन्दर और आकर्षक बाल प्रत्येक स्त्री का सपना होते हैं। आजकल बालों का झड़ना एक आम समस्या है, जिससे लगभग प्रत्येक व्यक्ति ग्रसित है। बालों को झड़ने से रोकने के लिए कई सारे सरल नुस्खे हैं।

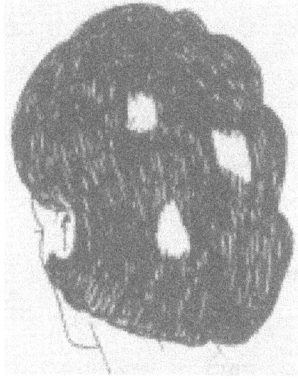

बालों के गिरने के कारण

अस्वच्छता, आनुवंशिकता, डेंड्रफ, कुपोषण, डायटिंग, मानसिक तनाव, लंबी बीमारी, हारमोंस का असंतुलन, तेज शैम्पू, घटिया साबुन, डाई का इस्तेमाल, वातावरण, गलत प्रक्रिया, अनियमित दिनचर्या, बालों की जड़ों में फंगस या बैक्टीरिया का संक्रमण, अनिद्रा, नींद की गोलियों का सेवन करना, बालों में तेल न लगाना या तेज खुशबूदार तेल का इस्तेमाल करना, अधिक दिनों तक गर्भ-निरोधक गोलियों का सेवन करना, रजोनिवृत्ति

आदि कारणों से बाल गिरने लगते हैं। गर्भावस्था में शरीर में प्रोजेस्टेटान नामक हार्मोन की वृद्धि हो जाने से इसका सीधा प्रभाव बालों पर पड़ता है, इसकी वजह से भी किसी-किसी महिला के बाल गिरने लगते हैं।

- सिर पर चोट लगने या बालो में ज्यादा कास्मेटिक्स जैसे हेयर स्प्रे हेयर सेटिंग क्रीम आदि का आधिक इस्तेमाल करने से बाल गिरने लगते हैं।
- बालों को अधिक कसकर बांधना व तेल न लगाना भी बालों के झड़ने का कारण हो सकता है।

इन बातों को ध्यान रखें

- बाल गिर रहे हैं, तो बालों में ब्लीच, गर्म, डाई, सेटिंग आदि न करवाएं। बालों को सुखाने के लिए हेयर ड्रायर का इस्तेमाल न करें।
- दिन भर में कई बार कंघी करें। कंघी करने से सिर की त्वचा में रक्त संचार बढ़ता है, जिससे बालों को पोषकता मिलती है और बाल मजबूत होते हैं।
- बालों को धोने के लिए ठंडे पानी का प्रयोग करें। अधिक गरम पानी, बालों की जड़ों को नुकसान पहुंचाता है।
- नहाने के बाद बालों को कपड़े से जोर-जोर से रगड़कर न सुखाएं। मुलायम रोएंदार टावेल को हलके हाथों से बालों पर फेरकर बालों को सुखाएं।
- तेज धूप में खड़े होकर बालों को न सुखाएं। तेज धूप बालों की प्राकृतिक प्रक्रिया को हानि पहुंचाती है, जिससे बालों की जड़ें कमजोर हो जाती हैं और बाल गिरने लगते हैं। बालों को स्वाभाविक रूप से सूखने दें।
- गीले बालों में कंघी न करें, इससे बाल अधिक गिरने लगते हैं। बालों को संवारने के लिए गोल मुंह वाले, चौड़े दांतों वाले कंघे या ब्रुश का इस्तेमाल करें।
- बालों की नियमित मालिश करें। बालों की मालिश के लिए अपनी उंगलियों से बालों की जड़ों की मालिश करें। सिर को थपथपाएं तथा

अपनी ऊंगलियों में बालों को फंसाकर खींचें। ऐसा करने से सिर की त्वचा में रक्त संचार तेजी से होने लगेगा, जिससे बालों को पोषकता व मजबूती मिलेगी।

✦ बालों की सुरक्षा के लिए पौष्टिक आहार का सेवन करें। अपने आहार में हरी सब्जी, ताजे फल, सूखे मेवे, दूध, पनीर, अंकुरित अन्न, विटामिन 'ए', 'बी-काम्पलेक्स', 'सी', 'डी', प्रोटीन, आयरन आदि से भरपूर खाद्य पदार्थों को शामिल करें।

✦ इस बात का खास ख्याल रखें कि आपके सिर में डेन्ड्रफ न हो।

✦ तनावमुक्त रहें हमेशा हंसते मुस्कराते रहे और पौष्टिक आहार लें।

बालों की सिंकाई

✦ सप्ताह में एक बार गरम-ठंडे पानी से बालों की सिंकाई करें। इसके लिए पहले गर्म पानी में टॉवेल को भिगोकर अच्छी तरह से निचोड़ लें और इसे सिर पर अच्छी तरह से लपेट लें। इसे सिर पर दो मिनट तक रखें। इसके बाद टॉवेल को ठंडे पानी में डुबोकर निचोड़ लें और इसे सिर पर दो मिनट तक लपेटकर रखें। यह क्रिया पांच से दस बार करें। इससे बालों को मजबूती मिलती है और बालों का झड़ना बंद होता है।

इन्हें आजमाएं

✦ दो चम्मच निंबोली (नीम के बीज) का पेस्ट लेकर बालों की जड़ों में अच्छी प्रकार से लगाएं। एक घंटे बाद बालों को अच्छी तरह से धो लें। निंबोली में पाए जाने वाले तत्त्व निंबिन, निंबिडिन, निंबो-स्टेरोल (उड़नशील तेल) आदि सिर की त्वचा पर जमी मृत कोशिकाओं को अच्छी तरह से साफ कर देते हैं, जिससे बालों को पर्याप्त मात्रा में ऑक्सीजन मिलने लगती है। निंबोली के तत्त्व सिर की त्वचा पर प्रभाव डालकर रक्त संचार भी तेजी से करते हैं, जिससे बालों को पोषण मिलता है। बाल सुंदर व मजबूत होते हैं और बालों का गिरना भी बंद होता है।

✦ बाल अधिक गिरने पर पंद्रह दिन में एक बार एक अंडे की जर्दी (पीला वाला हिस्सा) को 5-6 चम्मच पानी में डालकर भली-भांति फेंट लें। इसे हलके हाथों से बालों की जड़ों में अच्छी तरह से लगाएं व उंगलियों के पोर से हलकी-हलकी मालिश करें। पंद्रह मिनट बाद बालों को ठंडे पानी से धो लें। अंडे में विटामिन 'ए', 'बी', फास्फोरस, ऑयरन, कैल्शियम, प्रोटीन, सेलेनियम आदि तत्त्व काफी मात्रा में पाए जाते हैं, जो बालों को पोषण प्रदान करते हैं। ये तत्त्व बालों को झड़ने से रोकते हैं तथा उन्हें सुंदर व मुलायम भी बनाते हैं।

✦ आधा कप गाजर का रस बालों की जड़ों में अच्छी तरह से लगाएं। आधे घंटे बाद बालों को धो लें। गाजर में कैल्शियम, फास्फोरस, विटामिन 'ए' आदि तत्त्व काफी मात्रा में पाए जाते हैं, जो बालों को पोषण देते हैं। गाजर में पाए जाने वाला बीटा कैरेटोन बालों को मजबूती प्रदान करता है, जिससे बाल गिरने बंद हो जाते हैं। यह प्रयोग नियमित करने से निश्चित लाभ दिखाई देता है।

✦ हरे धनिये के पत्तों का रस चार चम्मच लें। इसे बालों की जड़ों में हलके हाथों से लगाएं। एक घंटे बाद बालों को धो लें। हरे धनिये में काफी मात्रा में कैल्शियम, फास्फोरस, आयरन, विटामिन 'ए', 'बी', 'सी' आदि तत्त्व मिलते हैं, जो बालों की जड़ों को पोषण देकर बालों को मजबूती प्रदान करते हैं, जिससे बालों का गिरना बंद हो जाता है।

✦ एक पाव चौलाई के पत्तों को दो लीटर पानी में अच्छी तरह से उबाल लें। इसे छानकर ठंडा कर लें। इस पानी से बालों को भली-भांति साफ करें। चौलाई में काफी मात्रा में कैल्शियम, फास्फोरस, विटामिन 'ए', 'बी', 'सी' आदि तत्त्व पाए जाते हैं, जो बालों को सही पोषण देते हैं। सप्ताह में एक बार यह प्रयोग करने से बालों का गिरना बंद हो सकता है।

✦ सौ ग्राम आलू, सौ ग्राम फूल गोभी, सौ ग्राम शलगम, तीनों को तीन लीटर पानी में उबाल लें। इस पानी को ठंडा होने पर, छानकर बालों की जड़ों में लगाएं। आलू में काफी मात्रा में ऑयरन, कैल्शियम,

फास्फोरस, आयोडिन आदि तत्त्व तथा शलगम में काफी मात्रा में प्रोटीन कैल्शियम, फास्फोरस, ऑयरन, विटामिन, 'ए', 'बी', 'सी' आदि तत्त्व पाए जाते हैं, जो बालों को पोषण देकर उन्हें मजबूती प्रदान करते हैं, जिससे बालों का झड़ना बंद हो जाता है।

✦ एक पाव बथुआ, तीन लीटर पानी में अच्छी प्रकार से उबाल लें। पानी ठंडा होने पर बथुए को मसलकर छान लें। इस पानी को बालों की जड़ों में लगाएं। बथुए में काफी मात्रा में कैल्शियम, फास्फोरस, आयरन, विटामिन 'ए', 'बी', 'सी' आदि तत्त्व पाए जाते हैं, जो बालों को सही पोषण देकर उन्हें मजबूत बनाते हैं, बालों का गिरना रोकते हैं। इस पानी से बालों को धोने से बाल सुंदर, काले व चमकदार बनते हैं।

✦ रात को कड़ाई में दो बड़े चम्मच आंवले का चूर्ण पानी में भिगो दें। सुबह उसे मसलकर पानी छान लें। इसमें नीबू का रस मिला लें। इस पानी से बोलो को धोएं। बालों का झड़ना एक महीने के अन्दर बंद हो जाएगा।

✦ बरगद की जड़ को पानी में उबाल लें और उस पानी से सिर धोएं।

✦ एक बड़ा चम्मच दाना मेथी को एक कटोरी पानी में रात को भिगो दें। सुबह इसमें एक छोटा चम्मच गुड़ मिलाकर पीस लें। इस लेप को सिर पर एक घंटा लगाए रखे और फिर सिर धो लें।

बालों का स्फेद होना

बालों का सफेद होना, बालों की विभिन्न समस्याओं में से एक है। बढ़ती उम्र के साथ बालों का सफेद होना स्वाभाविक है। लेकिन यदि कम उम्र में बाल सफेद होने लगें, तो पूरे व्यक्तित्व का आकर्षण खत्म हो जाता है। बालों की जड़ों में पाई जाने वाली सेबेक्वस ग्रंथियो मे सैबम नाम का तैलीय तत्त्व निकलता है, जिससे बालों का रंग निध ारित होता है। यही तत्त्व बालों को पोषण भी प्रदान भी करता है। सेबेक्वस ग्रंथियों की सक्रियता कम हो जाने से बाल सफेद होने लगते हैं।

बालों के असमय सफेद होने के कारण

बालों में तेल न लगाना, घटिया साबुन या शैम्पू का इस्तेमाल करना, कुपोषण, अनीमिया, शरीर में आयरन, आयोडीन, विटामिन आदि की कमी होना, हमेशा बीमार रहना, नियमित रूप से दवाओं का इस्तेमाल करना, अधिक चिंता करना, मानसिक तनाव, निराशा, अति मैथुन, बालों में डैंड्रफ होना आदि कारणों से असमय ही बाल सफेद होने लगते हैं। अकस्मात दुर्घटना या अचानक कोई शोक-संदेश मिलने पर भी बाल सफेद होते देखे गए हैं।

बालों को सफेद होने से बचाने के लिए नियमित दिनचर्या, बालों की उचित सफाई, संतुलित आहार, व्यायाम, अच्छी नींद की आवश्यकता होती है। बालों को काला बनाए रखने के लिए शरीर में प्रोटीन, विटामिन 'ए', 'बी-काम्पलेक्स', 'सी', 'डी', 'ई', कैल्शियम, आयोडीन, फास्फोरस, ऑयरन, कॉपर आदि तत्त्वों की पूरी मात्रा की आवश्यकता होती है। शरीर को उक्त सभी तत्त्व मिलते रहें, इसके लिए अपने आहार में दूध, मक्खन,

पनीर, चुकंदर, गाजर, मूली, टमाटर, मटर, सोयाबीन, राजमा, चना, पालक, चौलाई, नीबू, आंवला, खजूर, अंगूर, सेब, संतरा, मौसमी, हरी सब्जी, ताजे फल, अंकुरित खाद्यान्न, चोकर वाला आटा, बिना पालिश किया हुआ चावल आदि शामिल करें।

- ✦ अधिक समय तक जुकाम रहना।
- ✦ थाईराईड ग्रंथि का स्त्रव।
- ✦ पौष्टिक आहार न लेना।
- ✦ अधिक मात्रा में फास्ट फूड खाना।

बालों को सफेद होने से बचाने के लिए अधिक समय जुकाम न रहने दें व तुरन्त उपचार करायें, फास्ट फूड व कोल्ड ड्रिंक के अधिक प्रयोग से बचें तथा अधिक कैमिकल युक्त शैम्पू के प्रयोग से बचें।

इन बातों का ध्यान रखें

- ✦ एक-दो बाल सफेद होने पर उन बालों को तोड़ें नहीं। ऐसा करने से बाल अधिक सफेद होने लगते हैं।
- ✦ थोड़े बाल सफेद होने पर डाई न करवाएं। इससे काले बालों पर भी प्रभाव पड़ता है। बाल और ज्यादा तेजी से सफेद होने लगते हैं।
- ✦ बालों को धोने के लिए साबुन या शैम्पू की अपेक्षा प्राकृतिक सामग्री रीठा, शिकाकाई, बेसन, आंवला, दही आदि का इस्तेमाल करें।
- ✦ अत्यधिक मीठी चीजें, तेल, मसालेदार भोजन, शराब व नशीली वस्तुओं का सेवन न करें।
- ✦ बालों को सुखाने के लिए ड्रायर का इस्तेमाल न करें। बालों पर स्प्रे भी न करें।
- ✦ अधिक चिंता, मानसिक तनाव, रात्रि-जागरण, अति मैथुन से बचें।
- ✦ तेज खुशबूदार साबुन और तेल बालों में न लगाएं। इनसे भी बाल सफेद होने लगते हैं।

+ बालों को अधिक गर्म पानी से न धोएं।
+ बालों की देखभाल व साफ-सफाई का विशेष ख्याल रखें।
+ बालों को नियमित रूप से मालिश करें व भाप दें।
+ अपने भोजन में दही को आवश्यक रूप से शामिल करें। दही बालों को काला बनाये रखने में बहुत उपयोगी है।

इन्हें आजमाएं

+ आंवले का दो चम्मच चूर्ण, सफेद लिली के दस फूल, ताजे गुड़हल के दो फूल, एक गुच्छा मेहंदी के फूल लें। सभी को अच्छी तरह से पीसकर पेस्ट बना लें। इसे बालों की जड़ों में अच्छी तरह लगाएं। दो घंटे बाद बालों को धो लें। आंवला, सफेद लिली के फूल, गुड़हल तथा मेहंदी के फूल में आयोडीन, ऑयरन, फास्फोरस, कापर, सेलीनियम आदि तत्त्व पर्याप्त मात्रा में पाए जाते हैं, जो बालों को सफेद होने से रोकते हैं तथा बाल सुंदर, काले व चमकदार बनते हैं।

+ एक चम्मच मेहंदी पाउडर, एक चम्मच आंवला पाउडर, एक चम्मच रीठा पाउडर, एक चम्मच शिकाकाई पाउडर लेकर सबको मिला लें। लोहे की कड़ाही में दो लीटर पानी लें। इसमें सारे पाउडर को डालकर रातभर के लिए रख दें। सुबह इस पानी से बालों को अच्छी प्रकार से धो लें। इसके बाद सिर पर तौलिया लपेट लें। दो घंटे बाद ठंडे पानी से धो लें। मेहंदी, आंवला, रीठा, शिकाकाई में पाए जाने वाले तत्त्व बालों के लिए काफी लाभदायक होते हैं, जो बालों को सफेद होने से रोकते हैं। यह विधि एक सप्ताह तक नियमित करें। इसके बाद पंद्रह दिन तक रोक दें, फिर एक सप्ताह तक करें। ऐसा तीन माह तक करें। इससे बाल सफेद होना, पूरी तरह से रुक जाता है।

+ छह माह तक, सप्ताह में एक बार बालों में मेहंदी लगाने से बालों का सफेद होना रुक जाता है। मेहंदी में पाए जाने वाले तत्त्व गॉलिक एसिड, म्यूजिलेज लासेन, टेनिन बालों को सफेद होने से रोकते हैं।

मेहंदी रक्त शोधक भी होती है तथा बालों की जड़ों को मजबूत भी बनाती है।

✦ सौ ग्राम आंवला पाउडर, सौ ग्राम रीठा, सौ ग्राम शिकाकाई, सौ ग्राम मुलतानी मिट्टी, पच्चीस ग्राम हरड़ पाउडर, पच्चीस ग्राम बहेड़ा पाउडर को लोहे की कड़ाही में, इतने पानी में भिगोएं कि पेस्ट बन जाए। इसके बाद कड़ाही को धूप में रख दें। बीच-बीच में चम्मच से हिलाते रहें, जिससे पेस्ट सूख जाए। दूसरे दिन पानी डालकर फिर से पेस्ट बना लें। ऐसा कई दिनों तक करने पर पेस्ट काला हो जाएगा। इसे किसी डिब्बे में रख लें। सप्ताह में दो बार बालों में लगाएं। आधे घंटे बाद बालों को ठंडे पानी से धो लें। यह पेस्ट बालों को सफेद होने से रोकता है तथा बालों को सुंदर व काला बनाता है। आंवला, रीठा, शिकाकाई, हरड़, बहेड़ा में बालों को काला करने वाले आवश्यक तत्त्व पाए जाते हैं। मुलतानी मिट्टी में पाए जाने वाले तत्त्व हाइड्रेट सिलिकन तथा आयोडीन बालों को पोषण देते हैं।

✦ चम्पा की 20-25 पत्तियां, चमेली की 20-25 पत्तियां, जूही की 20-25 पत्तियां लेकर अच्छी प्रकार से पीस लें। इसे एक लीटर तिल के तेल में अच्छी तरह से गर्म कर लें। ठंडा होने पर छान कर शीशी में रख लें। रात्रि में सोते समय बालों में लगाएं। चम्पा, चमेली, जूही की पत्तियों में पाए जाने वाले तत्त्व बालों को सफेद होने से रोकते हैं तथा बालों को सुंदर व काले बनाते हैं।

✦ एक किलो सरसों का तेल, 100 ग्राम रतनजोत, 100 ग्राम मेंहदी के पत्ते, 100 ग्राम जल भागरा के पत्तो, 100 ग्राम आम की गुठलियां। इन सभी को कूट कर लुगदी बना लें व पानी में भिगों दें। छानकर इसे इतना उबालें कि पानी जल जाऐ। इस तेल का नित्य प्रयोग करने से बाल काले हो जाते है।

✦ गेंहू के पौधे का रस पीने से सफेद बाल काले होने लगते हैं।

✦ रात को सोने से पहले एक चम्मच त्रिफला पाउडर पानी के साथ ले लें। इससे भी बालों की जड़ें मजबूत और जड़े काली होती है।

डेंड्रफ

डेंड्रफ अर्थात् रूसी या खुश्की, बालों में होने वाली आम समस्या है। यदि बाल काले व घने हों, किन्तु उनमें डेंड्रफ की समस्या हो, तो बालों का सारा आकर्षण खत्म हो जाता है। डेंड्रफ की वजह से बालों में अनेक प्रकार की समस्याएं जैसे, बालों का पतला होना, बालों का असमय सफेद होना, बालों का झड़ना, बालों की प्राकृतिक चमक नष्ट हो जाना आदि उत्पन्न हो जाती हैं। घनी, काली, सुन्दर रेशमी केश राशि किसी भी महिला के सौंदर्य में चार चांद लगा देती है। केशों के सौंदर्य की सबसे बड़ी दुश्मन है डेंड्रफ। आज डेंड्रफ एक बहुत आम समस्या बन चुकी है। डेंड्रफ से कुछ घरेलू नुस्खों को प्रयोग करके बचा जा सकता है।

बालों में डेंड्रफ होने के कारण

बालों को अच्छी तरह से साफ न करना, बालों में ठीक से कंघी न करना, बालों में तेल न लगाना, कठोर साबुन से बालों को धोना, सूखने के लिए नियमित रूप से हेयर ड्रायर का इस्तेमाल करना, बार-बार पर्मिंग करना आदि कारणों से बालों में डेंड्रफ की समस्या उत्पन्न हो जाती है। दूसरे का कंघा, टॉवेल, तकिया, हेयर बेंड आदि का इस्तेमाल करने से भी डेंड्रफ की समस्या उत्पन्न होना, शरीर में विटामिन 'ए' और 'डी' की कमी होना, मधुमेह से पीड़ित होना, मासिक संबंधी गड़बड़ी, मानसिक तनाव, अधिक दुखी व निराश होना, थकान, कुपोषण, निरंतर पगड़ी या हैट पहने रहना,

बालों को रंगने के लिए रासायनिक खिजाब व रंग का इस्तेमाल करना आदि कारणों से भी डेंड्रफ की समस्या उत्पन्न हो जाती है।

- ✦ बालों में शैम्पू या साबून के तत्त्व धोने से छूट जाना।
- ✦ सिर पर पसीना या मैल जम जाने के कारण भी डेंड्रफ पैदा हो जाती है।
- ✦ बालों को साफ न रखना व रूसी से संक्रमित वस्तुओं जैसे कंघा, ब्रश आदि का प्रयोग करने से भी रूसी तेजी से फैलती है।

इन बातों पर ध्यान दें

- ✦ बालों की समस्या पर विशेष ध्यान दें। बालों की सफाई न होने के कारण बालों की जड़ों में जमी पपड़ी की वजह से बालों को पर्याप्त मात्रा में ऑक्सीजन तथा उचित पोषण नहीं मिल पाता है, जिसकी वजह से बाल अनाकर्षक हो जाते हैं और बालों का झड़ना, बाल सफेद होना, डेंड्रफ आदि कई समस्याएं उत्पन्न हो जाती हैं।
- ✦ कठोर साबुन, घटिया शैम्पू आदि का इस्तेमाल न करें।
- ✦ बालों में अधिक डाई, ब्लीचिंग या पर्म न कराएं।
- ✦ किसी दूसरे व्यक्ति का कंघा, टॉवेल, तकिया, हेयर बेंड आदि का इस्तेमाल न करें। इससे डेंड्रफ का इंफेक्शन एक-दूसरे में फैल जाता है।
- ✦ मानसिक तनाव से बचें, चिंता मुक्त रहें।
- ✦ देर रात तक जागरण न करें। सुबह जल्दी उठें।
- ✦ भरपूर नींद लें। नींद में कटौती न करें।
- ✦ चाय, कॉफी, कोल्ड ड्रिंक, शराब, धूम्रपान आदि का इस्तेमाल न करें।
- ✦ तेल, मसालेदार चीजें, मैदा की बनी चीजें, खट्टी चीजों का अधिक सेवन न करें।
- ✦ दिन-भर में आठ-दस गिलास पानी अवश्य पिएं। पानी शरीर को ताजगी व बालों को सुरक्षा देता है।

- अपने आहार में चोकर युक्त आटे की रोटी, बिना पॉलिश किया चावल, हरी सब्जी, ताजे फल, अंकुरित खाद्यान्न, दुग्ध आहार, कच्ची सब्जी (सलाद) आदि शामिल करें।

- सप्ताह में एक बार अपने टावेल, कंघा, ब्रश, हेयर बेंड आदि को डेटॉल के पानी से धोकर संक्रमण से मुक्त अवश्य करें।

- 15 दिनों के अन्तराल में बालों को भाप दें।

- दिन में 3 बार बालों को अच्छी तरह कंघी या ब्रश अवश्य करें। इससे अनावश्यक धूल मिट्टी निकल जाती है और सिर में रक्त संचरण तेज होता है।

बालों को भाप दें

नहाने से पूर्व नारियल का हलका गरम तेल बालों की जड़ों में लगा कर उंगलियों के पोरों से हलकी-हलकी मालिश करें। इसके बाद बालों को भाप दें। इसके लिए गरम पानी में टावेल को डुबोकर निचोड़े और सिर पर लपेट लें। ठंडा होने पर पुनः गरम पानी में डुबोकर निचोड़ लें और सिर पर लपेट लें। यह विधि 5-7 बार अपनाएं, इससे सिर की त्वचा के रोमकूप खुल जाते हैं।

इन्हें आजमाएं

- एक चम्मच मेहंदी पाउडर, एक चम्मच नीबू का रस व एक अंडा लेकर अच्छी प्रकार से फेंट लें। इस पेस्ट को बालों की जड़ों में लगाएं। आधा घंटे बाद बालों को ठंडे पानी से धो लें। नीबू में विटामिन 'सी', फास्फोरस, पोटेशियम, साइट्रिक एसिड, अंडे में कैल्शियम, ऑयरन, फास्फोरस, सेलेनियम, प्रोटीन, एलबुमीन, विटामिन 'ए' तथा मेहंदी में टेनिन, गॉलिक एसिड, म्यूजिलेस लासोन आदि तत्त्व पाए जाते हैं। यह उपाय बालों की जड़ों में मृत कोशिकाओं को जमने नहीं देता है। बालों में जमी डेंड्रफ को भी साफ कर देता है। सप्ताह में एक बार यह प्रयोग करने से डेंड्रफ दूर होती है।

- सौ ग्राम चुकन्दर के पत्तों को पांच लीटर पानी में अच्छी तरह उबाल लें। ठंडा होने पर छानकर इस पानी से बालों को अच्छी तरह से

धोएं। चुकन्दर के पत्तों में काफी मात्रा में कैल्शियम, फास्फोरस, ऑयरन, विटामिन 'ए', 'सी' आदि तत्त्व पाए जाते हैं, जो बालों की जड़ों में जमी डेंड्रफ व मृत कोशिकाओं को समाप्त कर देते हैं तथा बालों को पोषण देकर मजबूती प्रदान करते हैं। चुकन्दर के पत्तों में पाए जाने वाले तत्त्व सिर की त्वचा पर डेंड्रफ उत्पन्न होने से भी रोकते हैं। यह प्रयोग सप्ताह में एक बार किया जा सकता है।

✦ 100 ग्राम सेब लें। सेब के छिलके व बीजों को निकालकर अच्छी तरह कुचल लें। इसमें थोड़ा-सा गुनगुना पानी मिलाकर बालों की जड़ों में ठीक तरह से लगाएं। इसके बाद बालों को ठंडे पानी से धो लें। सेब में पाए जाने वाले तत्त्व तैलीय डेंड्रफ को दूर करने के लिए काफी लाभदायक होते हैं। सेब में पाए जाने वाले तत्त्व कैल्शियम, ऑयरन, फास्फोरस आदि बालों को पोषण भी देते हैं तथा बालों को मजबूती प्रदान करते हैं। इसमें पाया जाने वाला क्यूरसेटिन नामक तत्त्व एंटी ऑक्सीडेंट का काम करता है। यह प्रयोग सप्ताह में दो-तीन बार करने से डेंड्रफ की समस्या पूरी तरह से दूर हो जाती है।

✦ नीबू के छिलके का चूर्ण एक चम्मच, आंवले का चूर्ण एक चम्मच, दोनों को पानी में मिलाकर पेस्ट बना लें। इसे बालों की जड़ों में अच्छी प्रकार से लगाएं। आधा घंटा बाद बालों को पानी से धो लें। नीबू के छिलके में कैल्शियम, फास्फोरस, पोटेशियम तथा आंवले में कैल्शियम, फास्फोरस, आयरन आदि तत्त्व काफी मात्रा में पाए जाते हैं। नीबू और आंवले में पाए जाने वाले तत्त्व बालों की जड़ों में उत्पन्न होने वाली डेंड्रफ को दूर करते हैं तथा बालों को पोषण भी देते हैं। इसके नियमित इस्तेमाल से डेंड्रफ की समस्या दूर होती है।

✦ दो चम्मच बेसन में एक चम्मच शहद मिलाकर बालों की जड़ों में लगाएं। आधा घंटे बाद बालों को पानी से धो लें। यह उपाय नियमित करने से डेंड्रफ की समस्या दूर होती है। बेसन में काफी मात्रा में ऑयरन, मैग्नीशियम, जिंक आदि तत्त्व पाए जाते हैं। बेसन मृत कोशिकाओं और डेंड्रफ को निकाल देता है। शहद सिर की त्वचा

पर प्रभाव डालकर रक्त संचार को बढ़ा देता है, जिससे बालों को सही पोषण मिलने लगता है। शहद का प्रभाव सिर की त्वचा पर डेंड्रफ बनने व जमने से भी रोकता है।

- दो चम्मच त्रिफला पाउडर (आंवला, हरड़, बहेड़ा) में एक चम्मच मुलतानी मिट्टी मिलाकर पानी में पेस्ट बना लें। इस पेस्ट को बालों की जड़ों में अच्छी प्रकार लगाएं। आधा घंटा बाद बालों को पानी से धो लें। त्रिफला में पाए जाने वाले तत्त्व बालों में जमने वाली डेंड्रफ को साफ कर देते हैं तथा इन्हें जमने से भी रोकते हैं। मुलतानी मिट्टी में पाए जाने वाले आयोडीन, हाइड्रेट एल्युमिनियम सिलिमेंट आदि तत्त्व त्वचा की मृत कोशिकाओं को हटाने के साथ-साथ अतिरिक्त तेल को भी साफ कर दते हैं। यह उपाय सप्ताह में एक बार कर सकते हैं।
- एक मग गरम पानी में एक नींबू का रस निचोड़े। बालों को पूरा धो लेने के बाद इस पानी को बालों पर डाल लें और बालों को सुखा लें।
- रात में 6 चम्मच पानी में 2 चम्मच सिरका मिलाकर रूई की सहायता से सिर पर लगा लें। सुबह शैम्पू कर लें। फिर से बालों मे सिरका मिला पानी डालें। इस प्रक्रिया को सप्ताह में एक बार दुहरायें।
- एक नींबू के रस में एक चम्मच चीनी मिलाकर धूप में रखकर शर्बत बना लें और इसे सिर पर लगा ले। 5-6 घंटे बाद धो लें। रूसी निश्चित रूप से खत्म हो जाएगी।

चेहरे का सौंदर्य

चेहरे का आकर्षण सुंदर, स्वच्छ, कोमल, चिकनी, कांतिमय त्वचा पर निर्भर करता है। त्वचा शरीर का बाहरी आवरण होता है। जलवायु, वातावरण, तनाव, असंतुलित आहार आदि का प्रभाव त्वचा पर शीघ्र पड़ता है, जिसकी वजह से त्वचा की प्राकृतिक सुंदरता नष्ट हो जाती है। त्वचा के आकर्षण को बनाए रखने के लिए त्वचा की उचित देखभाल, सफाई तथा आवश्यक तत्त्वों द्वारा त्वचा को पोषण देने की आवश्यकता होती है। सुन्दर दिखने के लिए स्वस्थ व चमकदार त्वचा पहली आवश्यकता है। चेहरे की त्वचा संवेदनशील होती है अतः इसकी देख-रेख की आधिक आवश्यकता होती है। सुन्दर, चिकनी व चमकदार त्वचा पाना कोई मुश्किल कार्य नहीं है।

त्वचा की उचित देखभाल के लिए त्वचा के मिजाज को जानना जरूरी है। त्वचा को निम्नलिखित भागों में विभाजित किया जा सकता है:

- सामान्य त्वचा (नार्मल स्किन)
- तैलीय त्वचा (ऑइली स्किन)
- रूखी त्वचा (ड्राई स्किन)
- मिश्रित त्वचा (कॉम्बिनेशन स्किन)
- संवेदनशील त्वचा (सेंसिटिव स्किन)

कैसे पहचानें त्वचा का मिजाज?

टिशू पेपर टेस्ट द्वारा त्वचा को आसानी से पहचान सकते हैं। सुबह उठकर सबसे पहले टिशू पेपर टेस्ट करें। इसके लिए अलग-अलग टिशू पेपर लेकर अपने माथा, गाल, नाक, ठोड़ी पर दबाएं (रगड़ें नहीं)।

- यदि सभी टिशू पेपर पर तेल हैं, तो आपकी त्वचा तैलीय है।

- यदि नाक, ठोड़ी और माथे के टिशू पेपर पर तेल तथा गालों वाले टिशू पेपर पर बिलकुल भी तेल न हो, तो समझें आपकी त्वचा मिली-जुली है।

- यदि किसी भी टिशू पेपर पर तेल न हो, तो इसका अर्थ है कि आपकी त्वचा रूखी या सामान्य है।

- रूखी या सामान्य त्वचा को पहचानने के लिए आप अपने चेहरे को बेसन या आटे से साफ करें।

- यदि चेहरा खिंचा-खिंचा महसूस करें, तो आपकी त्वचा रूखी है।

- यदि त्वचा मुलायम, लचीली हो, तो आपकी त्वचा सामान्य है।

- संवेदनशील त्वचा पर कील, मुंहासों की भरमार होती है।

सामान्य त्वचा (नार्मल स्किन) : सामान्य त्वचा में नमी और तेल का सही संतुलन होने की वजह से त्वचा में विशेष आकर्षण, ताजगी और हलकी लालिमा होती है। सामान्य त्वचा अच्छी प्रकार की त्वचा मानी जाती है।

सामान्य त्वचा की देखभाल

- सामान्य त्वचा को सुंदर बनाए रखने के लिए सुबह-शाम त्वचा की सफाई करें।

- गहरा मेकअप न करें। इससे चेहरे की स्वाभाविक चमक छिप जाती है।

- स्नान के पहले चेहरे पर हलकी मालिश करें, जिससे त्वचा पर रक्त संचार होगा, त्वचा और सुंदर बनेगी।

- रात्रि में सोते समय मेकअप अवश्य उतार दें, जिससे त्वचा को पर्याप्त मात्रा में ऑक्सीजन मिल सके।

- त्वचा के पोषण व आकर्षण के लिए सप्ताह में एक बार उबटन अवश्य लगाएं।

- पंद्रह दिन में एक बार चेहरे पर भाप दें।
- पौष्टिक आहार का सेवन करें।
- नहाने के बाद, मुंह धोने के बाद चेहरे व गर्दन पर क्रीम अवश्य लगाएं।
- त्वचा के अनुरूप ही साबुन, क्रीम का चुनाव करें।

सामान्य त्वचा के लिए उपाय

- दो चम्मच गेहूं का आटा लेकर पानी में गाढ़ा पेस्ट बना लें। इसे हलका-सा गरम करके, इसमें एक चम्मच शहद मिलाकर चेहरे पर लगाएं। गेहूं में पाया जाने वाला फाइबर त्वचा की मृत कोशिकाओं को साफ कर देता है। शहद त्वचा में खिंचाव पैदा कर त्वचा में रक्त संचार बढ़ा देता है। यह उपाय नियमित करने से त्वचा स्वस्थ एवं सुंदर बनी रहती है।

- एक चम्मच चंदन का बूरा (पाउडर), आधा चम्मच हलदी को दूध में मिलाकर पेस्ट बना लें। इसे चेहरे पर अच्छी तरह से लगाएं। पंद्रह मिनट बाद चेहरे को हलके गुनगुने पानी से धो लें। चंदन मृत कोशिकओं को ठीक तरह से निकाल देता है। दूध में पाए जाने वाले तत्त्व कैल्शियम, फास्फोरस, मैग्नीशियम, प्रोटीन, लेक्टोज, विटामिन आदि तथा हलदी में पाए जाने वाले तत्त्व त्वचा को सही पोषण देकर सुंदर, कोमल और स्वस्थ बनाए रखते हैं।

- दो चम्मच मैदा को दूध में मिलाकर गरम कर लें। ठंडा करके इसमें गुलाबजल मिलाकर चेहरे पर लगाएं। 10-15 मिनट बाद चेहरे को गुनगुने पानी से धो लें। मैदा त्वचा में खिंचाव पैदा कर रक्त संचार को बढ़ा देती है, तथा मृत कोशिकाओं को अच्छी तरह से निकालती है। दूध अच्छे प्रकार का क्लींजर है। गुलाबजल में पाए जाने वाले तत्त्व त्वचा को पोषण देते हैं। इसमें पाया जाने वाला विटामिन 'ई' एंटी आक्सीटेंड का काम करता है।

- एक अंडा, दो चम्मच दूध में मिलाकर अच्छी प्रकार से फेंट लें। इसे चेहरे और गरदन पर लगाएं। 10-15 मिनट बाद हलके गुनगुने पानी

से छुड़ा लें। इसके बाद चेहरे पर ठंडे पानी के छींटे मारें। अंडे में पाए जाने वाले तत्त्व त्वचा के लिए काफी लाभदायक होते हैं। अंडा मृत कोशिकाओं को हटाकर ऊतकों के पुनर्निर्माण में मदद करता है।

✦ दो चम्मच लौकी का रस, दो चम्मच पपीते का पेस्ट (पके वाले पपीते का गूदा), एक बादाम, 8-10 अंगूर, इन सभी को अच्छी प्रकार पीसकर मिला लें। इसमें एक चम्मच गुलाबजल मिलाकर चेहरे पर लगाएं। 10-15 मिनट बाद चेहरा धो डालें। लौकी, पपीता, बादाम और अंगूर में पाए जाने वाले तत्त्व सामान्य त्वचा को पोषण देते हैं, जिससे त्वचा सुंदर बनी रहती है।

✦ एक चम्मच गेंहू का चोकर लें उसमें पानी मिलाएं। चेहरे पर लगाकर 5 मिनट बाद रगड़-रगड़कर उतार दें। ठंडे पानी से चेहरा धो लें। धोने के बाद चेहरे का पानी पौछें, नहीं इसे अपने आप सूखने दें।

✦ बादाम के तेल की मालिश करें।

तैलीय त्वचा (ऑइली स्किन) : यह त्वचा चिकनी व चमकीली होती है। यह त्वचा अच्छी मानी जाती है, किंतु अधिक तैलीय व चिपचिपाहट होने पर कई बार अनेक प्रकार की समस्याएं भी उत्पन्न हो जाती हैं। इसलिए इस प्रकार की त्वचा को विशेष देखभाल की आवश्यकता होती है। तैलीय ग्रंथि की अधिक सक्रियता की वजह से त्वचा की सतह पर तेल फैल जाता है, जिसकी वजह से कील, मुहांसे, ब्लैक हेड, दाग-धब्बे, झांइयां झुर्रियां आदि की समस्या उत्पन्न हो जाती है।

तैलीय त्वचा की देखभाल

✦ चेहरे को दिन-भर में दो-तीन बार पानी से अच्छी तरह साफ करें।

✦ रात को सोते समय मेकअप को अच्छी तरह से उतार लें।

✦ दिन-भर में आठ-दस गिलास पानी अवश्य पिएं। पानी शरीर की ताजगी को बनाए रखता है।

✦ सप्ताह में दो बार चेहरे पर भाप लें, जिससे रोम-छिद्र अच्छी तरह से खुल जाएं।

- सप्ताह में एक बार चेहरे पर उबटन लगाएं, जिससे त्वचा को पोषण मिले ।

- तेल, मसाले तथा वसायुक्त खाद्य पदार्थों का अधिक सेवन न करें ।

- चेहरे पर गहरा मेकअप न करें। गहरा मेकअप त्वचा के छिद्रों को बंद कर देता है, जिससे कोशिकाओं को शुद्ध हवा और प्रकाश नहीं मिल पाता है।

- चेहरे को रोजाना दिन में दो बार साबुन से धोएं ताकि अतिरिक्त तेल निकल जाएं।

- तनावमुक्त रहें और पर्याप्त नींद अवश्य लें।

- मुंहासे तैलीय त्वचा पर अधिक होते है इन्हें नोचें नहीं । मुंहासे होने पर चेहरे की स्वच्छता का विशेष ध्यान रखें।

- दिन में एक बार नींबू पानी अवश्य पीएं।

तैलीय त्वचा के लिए उपाय

- एक चम्मच शहद, आधा चम्मच नीबू का रस मिलाकर चेहरे पर लगाएं। 15-20 मिनट बाद चेहरे को मिनरल वाटर से धो लें। शहद और नीबू के तत्त्व त्वचा की तैलीयता को अच्छी तरह से निकाल देते हैं। इनमें पाए जाने वाले तत्त्व सोडियम, पोटेशियम, साइट्रिक एसिड, फास्फोटिक एसिड, सूक्रोज, ग्लूकोज, फ्रक्टोज आदि तैलीय ग्रंथि की सक्रियता को भी रोकते हैं।

- तुलसी के ताजे पत्तों का पेस्ट दो चम्मच, एक चम्मच गुलाबजल मिलाकर चेहरे पर लगाएं। 15-20 मिनट बाद चेहरे को ठंडे पानी से धो लें। तुलसी का यह पेस्ट अच्छे प्रकार का ब्लीच है। यह त्वचा की गहराई तक जाकर सफाई करता है। यह पेस्ट मृत कोशिकाओं को अच्छी तरह से साफ करता है तथा तैलीय ग्रंथि के सक्रिय प्रभाव को कम करता है। गुलाबजल स्किन टॉनिक है। इस पेस्ट के नियमित इस्तेमाल करने से त्वचा की तैलीयता कम होती है।

✦ घृत कुमारी (ऐलोवेरा) का एक छोटा-सा पत्ता, एक चम्मच मुलतानी मिट्टी, एक चम्मच नीबू का रस लें। ऐलोवेरा के पत्ते को बीच में से काटकर एक चम्मच गूदा निकाल लें। इसमें मुलतानी मिट्टी और नीबू का रस मिलाकर पेस्ट बना लें। इसे चेहरे पर अच्छी तरह से लगाएं। 15-20 मिनट बाद पानी से साफ कर लें। ऐलोवेरा में पाए जाने वाले एंजाइम त्वचा की तैलीयता को अच्छी तरह से साफ कर देते हैं तथा त्वचा की तैलीयता को रोकते भी हैं। नीबू और मुलतानी मिट्टी त्वचा को संकुचित करते हैं। मुलतानी मिट्टी में पाया जाने वाला हाइड्रेट एल्युमिनियम सिलिकेट त्वचा के लिए एक आवश्यक तत्त्व है। यह त्वचा की मृत कोशिकाओं को हटाने के साथ-साथ अतिरिक्त तेल को सोख लेता है।

✦ दो मुट्ठी पॉपकॉर्न (भुना हुआ मक्का) आधे कप दूध में 15 मिनट तक भीगने के लिए रख दें। इसके बाद अच्छी तरह से मसलकर कठोर वाले हिस्से को निकालकर फेंक दें। अब इस पेस्ट को चेहरे व गले पर लगाएं। 10-15 मिनट बाद चेहरे को पानी से साफ कर लें, पॉपकॉर्न डेड सेल को अच्छी तरह से निकाल देता है तथा त्वचा की तैलीयता को भी खत्म करता है। दूध का क्लींजर गुण त्वचा की गहराई तक जाकर सफाई करता है तथा त्वचा को पोषण देता है। इस उपाय को सप्ताह में दो बार करने से त्वचा की तैलीयता कम होती है।

✦ एक अंडे की सफेदी में एक चम्मच दूध मिलाकर अच्छी तरह फेंट लें। इसे पूरे चेहरे पर लगाएं। 10-15 मिनट बाद पानी से अच्छी तरह छुड़ा लें। अंडे की सफेदी में पाए जाने वाले तत्त्व त्वचा की तैलीयता को अच्छी तरह साफ कर देते हैं। इसमें पाया जाने वाला सेलेनियम नामक तत्त्व पोरस को टाइट करता है तथा फ्री रेडीकल्स को दूर करता है। यह ऊतकों के पुनर्निर्माण में भी काफी लाभकारी होता है। अंडा त्वचा को सही पोषण भी देता है। अंडे का पीला वाला हिस्सा (जर्दी) शुष्क त्वचा (ड्राई स्क्रीन) के लिए लाभदायक होता है।

✦ एक चम्मच गाजर का रस व एक चम्मच पालक का रस मिला लें। इसे चेहरे व गर्दन पर लगाएं। 15-20 मिनट बाद धो लें।

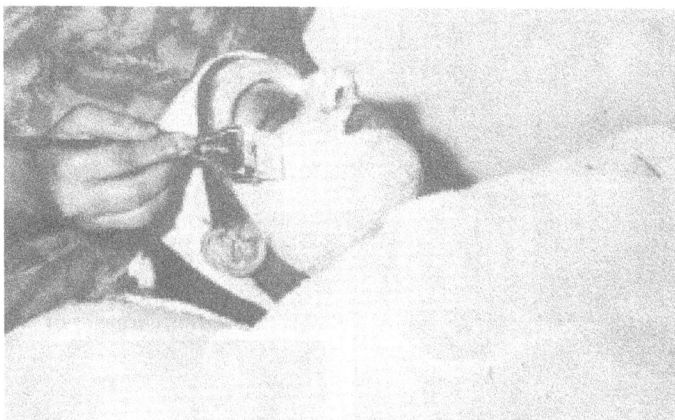

✦ एक चम्मच खीरा ककड़ी का रस एक चम्मच गुलाबजल और एक चम्मच बेसन लें। पेस्ट बनाकर चेहरे पर लगाएं। हल्का सूखने पर ठण्डे पानी से धो लें।

✦ एक चम्मच दही में आधा चम्मच नींबू का रस मिलाएं। चेहरे व गर्दन पर दस मिनट लगा रहने दें। ठण्डे पानी से धो लें।

शुष्क त्वचा (ड्राई स्किन) : इस प्रकार की त्वचा में तेल तथा नमी की कमी होती है, जिसके कारण त्वचा का रंग सामान्य नहीं रहता है। धोने पर यह खिंची-खिंची सी रहती है। मौसम का प्रभाव भी इस प्रकार की त्वचा पर अधिक पड़ता है। गरमी, नमी की कमी तथा ठंड में तेल की कमी हो जाती है। ऐसी त्वचा पर उम्र का प्रभाव भी जल्दी दिखाई देने लगता है।

शुष्क त्वचा की देखभाल

✦ दिन में दो-तीन बार चेहरे की अच्छी तरह सफाई करें। चेहरा धोने के लिए साबुन की बजाय प्राकृतिक स्रोत बेसन या आटे का उपयोग करें।

95

- त्वचा को सूर्य की अल्ट्रावॉयलेट किरणों से बचाएं। इसके लिए धूप में निकलते समय छतरी का प्रयोग करें।
- गहरा मेकअप न करें। गहरा मेकअप त्वचा के छिद्रों को बंद कर देता है, जिससे त्वचा से निकलने वाला पसीना ठीक से नहीं निकल पाता है तथा त्वचा को ऑक्सीजन नहीं मिल पाती है।
- त्वचा की ताजगी के लिए सप्ताह में एक बार उबटन अवश्य लगाएं।
- विटामिन 'ए', 'बी', 'सी', 'डी' आदि से भरपूर आहार का सेवन करें।
- सप्ताह में एक बार बादाम रोगन या मलाई अथवा मक्खन से मसाज करें।
- हमेशा चेहरे को ग्लिसरीन दूध मलाई युक्त साबुन अथवा फेस वॉश से ही साफ करें।
- चेहरे की त्वचा को तौलिये से रगड़े नहीं बल्कि हल्के हाथों से थपथपाकर सुखाएं।

शुष्क त्वचा के लिए उपाय

- एक मुलायम कच्चा भुट्टा लेकर उसके दाने छुड़ा लें। इन्हें अच्छी तरह पीस लें। इनमें से छिलके निकालकर चेहरे पर अच्छी तरह लगाएं। 10-15 मिनट बाद ठंडे पानी से छुड़ा लें। भुट्टे में फास्फोरस, विटामिन 'ए', कैल्शियम आदि पदार्थ काफी मात्रा में पाए जाते हैं। भुट्टा त्वचा की मृत कोशिकाओं को ठीक तरह से निकाल देता है तथा शुष्क त्वचा को आवश्यक पोषण देकर त्वचा को सुंदर व मुलायम बनाता है। यह प्रयोग सप्ताह में दो बार कर सकते हैं।
- एक पका केला लेकर अच्छी तरह मसल लें। इसमें एक चम्मच शहद मिलाएं। धीरे-धीरे नीचे से ऊपर की ओर मालिश करते हुए चेहरे व गरदन पर लगाएं। 10-15 मिनट बाद मिनरल वॉटर से चेहरे को साफ कर लें। केले में विटामिन 'ए', 'बी', 'सी', 'ई', कैल्शियम, फास्फोरस, कॉपर, ऑयरन आदि तत्त्व काफी मात्रा में पाए जाते हैं, जो त्वचा को अच्छी तरह साफ करते हैं तथा त्वचा को चिकनाई

देकर लचीला व मुलायम बनाते हैं। शहद में पाए जाने वाले तत्त्व त्वचा को ऊर्जा प्रदान करते हैं।

✦ एक टमाटर को कद्दूकस कर लें। इसमें एक चम्मच मलाई मिलाएं। इसे अच्छी तरह फेंटकर पूरे चेहरे पर लगाएं। 10-15 मिनट बाद गुनगुने पानी से चेहरे को साफ कर लें। टमाटर में विटामिन 'ए', 'सी', कैल्शियम, फास्फोरस, ऑयरन आदि तत्त्व पाए जाते हैं। टमाटर में पाया जाने वाला लाइकोपिन नामक तत्त्व फ्री-रेडीकल्स को खत्म करता है। मलाई का मॉइश्चराइजर गुण त्वचा को मुलायम व सुंदर बनाता है। यह प्रयोग सप्ताह में दो बार किया जा सकता है।

✦ पके हुए बब्बूगोशा का गूदा चार चम्मच, एक अंडे की जर्दी (पीला वाला हिस्सा लें), इसमें आधा चम्मच शहद भली-भांति मिलाकर पूरे चेहरे पर लगाएं। सूखने पर चेहरे को पानी से अच्छी तरह साफ कर लें। अंडे की जर्दी त्वचा की मृत कोशिकाओं को निकालती है तथा त्वचा को पोषण देती है। बब्बूगोशा व शहद शुष्क त्वचा को भरपूर पोषण देकर साफ, सुंदर व मुलायम बनाते हैं।

✦ दो चम्मच चुकंदर का पेस्ट, दो चम्मच सेब का पेस्ट भली-भांति मिलाकर चेहरे पर लगाएं। 15-20 मिनट बाद इसे पानी से छुड़ा लें। चुकंदर में काफी मात्रा में कैल्शियम, फास्फोरस, विटामिन 'सी' आदि तत्त्व पाए जाते हैं। सेब में कैल्शियम, फास्फोरस, आयरन, विटामिन 'सी', पोटेशियम आदि तत्त्व पाए जाते हैं। चुकंदर और सेब में पाए जाने वाले तत्त्व त्वचा की शुष्कता को दूर करते हैं। सेब में पाया जाने वाला क्यूरसेटिन नामक तत्त्व एंटी ऑक्सीडेंट का काम करता है।

✦ पपीते के छिलके को छाया में सुखाकर महीन चूर्ण बना लें। एक चम्मच चूर्ण में 8-10 बूंद ग्लिसरीन व आवश्यकतानुसार गुलाबजल मिलाकर पेस्ट बनाएं। दस मिनट लगाएं रखें फिर धो लें।

✦ एक चम्मच गाय का कच्चा दूध लें। इसमें 2-3 बूंद नींबू का रस डालें। इसे रूई की सहायता से चेहरे पर लगाए। 5 मिनट बाद धो लें।

✦ सूखी डबलरोटी को दूध में भिगोकर उससे चेहरा साफ करें।

मिश्रित त्वचा (कॉम्बिनेशन स्किन) : इस प्रकार की त्वचा में तैलीयता और शुष्कता दोनों गुणों का मिश्रण होता है। चेहरे के टी-जोन अर्थात् माथा, नाक, ठोड़ी वाला हिस्सा तैलीय तथा सी-जोन अर्थात् गाल वाला हिस्सा शुष्क होता है।

मिश्रित त्वचा की देखभाल

✦ मिश्रित त्वचा के स्वास्थ्य के प्रति लापरवाही न करें।

✦ दिन में दो-तीन बार चेहरे की भली-भांति सफाई करें।

✦ अधिक गहरा मेकअप न करें।

✦ रात्रि में सोते समय मेकअप अवश्य उतारें।

✦ अधिक तैलीय चीजों का सेवन न करें।

✦ अपने भोजन में फल व सब्जियां अधिक से अधिक शामिल करें।

✦ खाली पेट नींबू पानी में शहद डालकर पीएं।

✦ अपनी त्वचा के अनुरूप साबुन का इस्तेमाल करें।

मिश्रित त्वचा के लिए उपाय

✦ एक अंडे को फोड़कर सफेद तथा पीले वाला भाग अलग-अलग कर लें। सफेद वाले हिस्से में एक चम्मच दही, एक चम्मच नीबू का रस मिलाएं। इसे अच्छी तरह फेंट लें।

✦ पीले वाले हिस्से (जर्दी) में एक चम्मच दही, एक चम्मच शहद अच्छी तरह मिलाएं। सफेद वाले हिस्से को टी जोन (माथा, नाक, ठोड़ी) पर लगाएं। पीले वाले हिस्से को सी-जोन (गाल) पर लगाएं। चेहरे को 10-15 मिनट बाद ठंडे पानी से धो लें।

✦ एक चम्मच चावल का आटा, एक चुटकी बेसन, एक चम्मच गुलाबजल मिलाकर उबटन तैयार करें। दस मिनट चेहरे पर लगा रहने दें। ठंडे पानी से धो लें।

✦ संतरे, नींबू व अनार के छिलकों का पाउडर समान मात्रा में मिलाकर पानी मिलाकर पेस्ट बनाऐं। इससे चेहरा कांतिमय बनेगा।

संवेदनशील त्वचा (सेंसिटिव स्किन) : इस प्रकार की त्वचा काफी संवेदनशील होती है। त्वचा पर कील, मुंहासे, झांइयां आदि की भरमार होती है। किसी भी चीज से संक्रमण हो जाता है या किसी प्रकार के सौंदर्य प्रसाधन से एलर्जी हो जाती है। इसलिए इस प्रकार की त्वचा पर किसी भी प्रकार की सामग्री का इस्तेमाल करने से पहले परीक्षण की आवश्यकता होती है।

✦ साफ-सफाई का विशेष ध्यान दें।

✦ चेहरे पर कुछ भी लगा लेने की आदत से बचें।

✦ धूप, धूल से प्रभावित त्वचा को तुरन्त धोकर साफ करें।

✦ चेहरे पर कुछ लगाने की बजाय खान-पान पर ध्यान दें।

संवेदनशील त्वचा की देखभाल

✦ दिन-भर में त्वचा की दो-तीन बार अच्छी तरह सफाई करें।

✦ दिन में दो-तीन बार चेहरे पर ठंडे पानी के छींटें मारें।

✦ दूध या मिनरल वॉटर से चेहरे को साफ करें।

✦ त्वचा पर ऐसा कुछ न लगाएं, जिससे किसी प्रकार की एलर्जी हो।

✦ कील, मुंहासे, दाग-धब्बे, झांइयां आदि को दूर करने के लिए किसी भी प्रकार का फार्मूला प्रयोग करने से पहले परीक्षण अवश्य कर लें।

✦ खान-पान के प्रति विशेष ध्यान रखें। अधिक तेल-मसाले वाली चीजों का सेवन न करें।

✦ दूसरों द्वारा प्रयोग की जाने वाली सौंदर्य सामग्री का प्रयोग न करें। इससे संक्रमण होने का भय रहता है।

✦ दिन-भर में आठ-दस गिलास पानी अवश्य पिएं। पानी शरीर को ताजगी देता है।

संवेदनशील त्वचा के लिए उपाय

✦ संवेदनशील त्वचा पर किसी भी प्रकार का फार्मूला, डॉक्टर की सलाह के बिना प्रयोग न करें। बिना जांच-परख (टेस्ट) के किसी भी प्रकार का फार्मूला प्रयोग करने से त्वचा पर दुष्प्रभाव पड़ सकता है।

चेहरे की झुर्रियां

बढ़ती उम्र के साथ त्वचा में ढीलापन और झुर्रियां आ जाना स्वाभाविक है, क्योंकि उम्र के साथ-साथ त्वचा के कोलोजन और इलास्टिक नामक तत्त्वों की मात्रा कम हो जाती है, जिसकी वजह से त्वचा में ढीलापन आ जाता है। किसी-किसी स्त्री में कम उम्र में भी यह समस्या दिखाई देने लगती है। ऐसी स्थिति में चेहरा मुरझाया व बूढ़ा-सा दिखाई देने लगता है। चेहरे की त्वचा पर झुर्रियां चेहरे के आकर्षण को नष्ट करती हैं, साथ ही चेहरा बुझा-बुझा व अधिक उम्र दर्शाने लगता है।

कम उम्र में त्वचा पर झुर्रियां उत्पन्न होने के कारण

बात-बात पर तुनकना, चिड़चिड़ापन, क्रोध, ईर्ष्या, चिंता, मानसिक तनाव, अधिक श्रम करना, देर रात तक जागरण, सुबह देर तक सोना, अनिद्रा, अनियमित व असंतुलित भोजन, चटपटे-मसालेदार चीजों का अधिक सेवन, चाय, कॉफी, सिगरेट, शराब, मादक द्रव्यों का नियमित सेवन, एलोपैथिक दवाइयों का नियमित सेवन, सिर-दर्द की शिकायत आदि कारणों से त्वचा पर झुर्रियों की शिकायत उत्पन्न हो जाती है। तेज धूप में अधिक देर तक घूमने से भी त्वचा पर झुर्रियां उत्पन्न हो जाती हैं। होता यह है कि तेज धूप त्वचा की नमी को सोखकर त्वचा को सिकोड़ देती है और त्वचा पर झुर्रियां उत्पन्न हो जाती हैं। कई बार त्वचा की कोशिकाओं के जेनेटिक सिस्टम में गड़बड़ी आ जाने से भी त्वचा पर झुर्रियां पड़ जाती हैं। हार्मोनों की गड़बड़ी के कारण भी समय से पूर्व त्वचा पर झुर्रियों की समस्या उत्पन्न हो जाती है। वजन तेजी से घटने से भी त्वचा पर झुर्रियों की समस्या उत्पन्न हो जाती है। गहरा मेकअप करने से त्वचा के रोमछिद्र बंद हो जाते हैं, जिसकी वजह से भी झुर्रियों की समस्या उत्पन्न हो जाती है।

- चेहरे पर की जाने वाली मसाज यदि गलत दिशा में की जाए तो झुर्रियां होने की आशंका बढ़ जाती हैं।
- सस्ते व घटिया किस्म के सौंदर्य प्रसाधनों के प्रयोग से भी चेहरे पर झुर्रियां हो जाती है।

इन बातों पर ध्यान दें

- चेहरे पर झुर्रियां न पड़ें, इसके लिए चिढ़ना, कुढ़ना, ईर्ष्या, क्रोध, चिंता, मानसिक तनाव आदि से बचें। हमेशा प्रसन्नचित्त रहें, जी भरकर हंसें और दूसरों को भी हंसाएं।
- भरपूर नींद लें। देर रात तक जागरण न करें। सुबह जल्दी उठें।
- नियमित समय से खान-पान करें। अधिक चटपटे, मसालेदार, वसायुक्त भोजन न खाएं। अपने आहार में विटामिन 'ए', 'बी-काम्पलेक्स', 'सी', 'ई' आदि से भरपूर खाद्य पदार्थ, हरी सब्जियां, अंकुरित खाद्यान्न, दूध, ताजे फल, सूखे मेवे आदि शामिल करें।
- पानी खूब पिएं। पानी त्वचा की स्निग्धता को बनाए रखता है। दिन-भर में पांच-छः लीटर पानी पीना चाहिए। पानी शरीर के जहरीले पदार्थ को मल, मूत्र और पसीने के रूप में बाहर निकालता है। त्वचा और मांसपेशियों की शिथिलता को दूर करता है। उन्हें ताजगी प्रदान करता है।
- हमेशा हलका मेकअप करें। गाढ़ा मेकअप रोमछिद्रों को बंद कर देता है, जिससे त्वचा को पर्याप्त मात्रा में ऑक्सीजन और पोषण नहीं मिल पाता।
- रात्रि में सोते समय मेकअप अवश्य उतार दें, जिससे त्वचा को पर्याप्त ऑक्सीजन मिलती रहे।
- धूम्रपान की आदत त्वचा की कोमलता को नष्ट कर देती है। धूम्रपान से रक्त की कोशिकाएं सिकुड़ने लगती हैं तथा त्वचा की विटामिन ग्रहण करने की क्षमता कम हो जाती है, जिसकी वजह से त्वचा पर झुर्रियां पड़ने लगती हैं। वैज्ञानिक शोध में यह भी पता चला है कि

धूम्रपान से त्वचा में सुसुप्तावस्था में जीन के पुनर्निर्माण की प्रक्रिया ठहर जाती है।

✦ अपने हाथों को बार-बार चेहरे पर न फिराएं। इससे भी चेहरे पर झुर्रियां पड़ जाती हैं तथा हाथों के माध्यम से किसी प्रकार का इंफेक्शन भी चेहरे पर हो सकता है।

✦ चेहरे पर मसाज किसी कुशल विशेषज्ञ से ही कराएं। साथ ही, मसाज की दिशा नीचे से ऊपर तथा बाहर से अन्दर की ओर रखें।

✦ हमेशा अच्छी क्वालिटी के सौंदर्य प्रसाधन उपयोग में लाएं। हर एक वर्ष के बाद इन्हें बदल दें।

✦ सुबह-सुबह जोर-जोर से खुलकर हंसें। चेहरे के हल्के-फुल्के व्यायाम करें।

चेहरे की झुर्रियां दूर करने के उपाय

✦ दो चम्मच गाजर के रस में एक चम्मच शहद मिलाकर चेहरे पर लगाएं। गाजर में पाए जाने वाले तत्त्व त्वचा पर विशेष प्रभाव डालते हैं। इसमें पाए जाने वाले तत्त्व बीटा कैरोटोन तथा एंटी आक्सीडेंट त्वचा की झुर्रियों को दूर करते हैं। शहद में पाए जाने वाले विशेष तत्त्व त्वचा की कोशिकाओं को पोषण देते हैं तथा झुर्रियां दूर करते हैं।

✦ पके पपीते का चार चम्मच पेस्ट लेकर पूरे चेहरे पर लेप करें। 10-15 मिनट बाद चेहरे को ठंडे पानी से धो लें। कुछ ही दिनों में चेहरे की झुर्रियां दूर हो जाएंगी। पपीता मृत कोशिकाओं को हटाकर त्वचा को पोषण देता है। पपीते में विटामिन 'ए', 'सी', ऑयरन, कैल्शियम आदि तत्त्व काफी मात्रा में पाए जाते हैं। पपीते में पाया जाने वाला एंजाइम चेहरे की झुर्रियां खत्म कर देता है। इस पेस्ट को नियमित प्रयोग करने से लाभ दिखाई देता है।

✦ दो चम्मच टमाटर का पेस्ट, आधा चम्मच नीबू, आधा चम्मच मलाई अच्छी प्रकार से मिलाकर पूरे चेहरे पर लगाएं। 10-15 मिनट बाद चेहरे को पानी से साफ कर लें। टमाटर में पाए जाने वाले तत्त्व

त्वचा के लिए काफी लाभदायक होते हैं। टमाटर में विटामिन 'ए', 'सी', कैल्शियम, फास्फोरस, ऑयरन आदि तत्त्व कॉफी मात्रा में पाए जाते हैं। इसमें पाया जाने वाला लाइकोपिन फ्री-रेडिकल्स को खत्म करता है, जिससे झुर्रियां कम होती हैं।

✦ एक केले को मसलकर इसमें एक चम्मच मिल्क पाउडर मिलाएं। इसे पूरे चेहरे पर अच्छी प्रकार लगाएं। 15-20 मिनट बाद ठंडे पानी से चेहरा साफ कर लें। केले में विटामिन 'ए', 'बी', 'सी', ऑयरन, मैग्नीशियम, फास्फोरस कैल्शियम, जिंक आदि तत्त्व पाए जाते हैं। केला और मिल्क पाउडर त्वचा को कसते हैं, जिससे झुर्रियां दूर होती हैं।

✦ एक अंडा, एक चम्मच शहद, एक चम्मच बेसन भली-भांति मिलाकर फेंट लें। इस मिश्रण का चेहरे पर लेप करें। 10-15 मिनट बाद ठंडे पानी से साफ कर लें। अंडे में पाए जाने वाले तत्त्व त्वचा के लिए काफी लाभदायक होते हैं। इसमें पाया जाने वाला सेलेनियम नामक तत्त्व फ्री रेडीकल्स को दूर करता है। अंडा झुर्रियों को भी दूर करता है तथा ऊतकों के पुनर्निर्माण में भी सहयोग देता है। बेसन मृत कोशिकाओं को हटाकर त्वचा में निखार लाता है। सप्ताह में एक बार यह प्रयोग करने से लाभ दिखाई देता है।

✦ एक चम्मच बेसन, एक चम्मच बादाम का तेल, आधा चम्मच कच्ची हलदी पिसी हुई, आधा चम्मच नीबू का रस तथा आवश्यकतानुसार दूध मिलाकर पेस्ट बना लें। इस पेस्ट को चेहरे और गरदन पर लगाएं। सूखने पर पानी से धोकर छुड़ा लें। बादाम में पाए जाने वाले तत्त्व त्वचा की कोशिकाओं के लिए काफी लाभदायक होते हैं। यह प्रयोग नियमित करने से चेहरे व गरदन की झुर्रियां दूर होती हैं।

✦ चेहरे को ढंक कर भाप लें। भाप लेते समय उबलते पानी में एक छोटा चम्मच नींबू का रस डाल दें। झुर्रियां खत्म होंगी।

✦ एक गिलास पानी में एक मुट्ठी त्रिफला पाउडर डाल कर रात-भर के लिए गला दें। सुबह इसे छान कर इस पानी से चेहरा धोएं। झुर्रियां मिटाने में यह प्रयोग सहायक सिद्ध होगा।

◆ एक चम्मच हल्दी पाउडर में आक के पत्ते का दूध मिलाकर लेप तैयार करें। इसे झुर्रियो से प्रभावित त्वचा पर लगाएं। सावधानी रखें, यह लेप आंखों में न जाने पाएं।

झांइयों की समस्या

झांइयों के कारण त्वचा के रंग में एक प्रकार की असमानता आ जाती है। त्वचा पर गहरे कत्थई, काले रंग के धब्बे हो जाते हैं। त्वचा का रंग कभी हलका तो कभी गहरा हो जाता है। दाग का आकार भी घटता-बढ़ता रहता है। त्वचा में आई इसी असमानता को झांइयां (पिगमेंटेशन) कहते हैं। झांइयों की वजह से त्वचा की सतह पर सिर्फ रंग में बदलाव आता है, उसकी संवेदनशीलता पर कोई प्रभाव नहीं पड़ता है। चेहरे पर झांइयां चांद पर लगे दाग के समान होती है जो चेहरे को सौंदर्य को नष्ट करती है। चेहरे की समस्याओं में से एक झांइयां प्रायः 25-30 वर्ष की उम्र के बाद देखने को मिलती है।

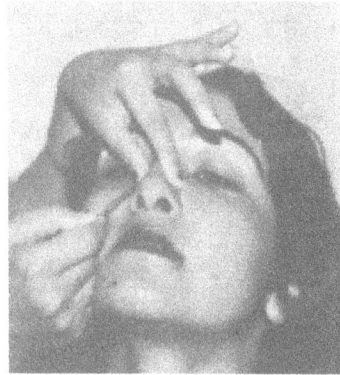

झांइयां उत्पन्न होने के कारण

त्वचा की एंडोक्राइन ग्लैंड में अनियमितता आना, लीवर की खराबी, गर्भावस्था, रजोनिवृत्ति, एमीबियासिस, हृदय रोग, डायबिटिज, ल्यूकोरिया, एनीमिया, कब्ज, लंबी बीमारी, पेट में कृमि, शरीर में विटामिन 'ए', 'ई' की कमी होना आदि कारणों से झांइयों की समस्या उत्पन्न हो जाती है। चिड़चिड़ापन, मानसिक तनाव, अत्यधिक चिंता आदि मानसिक कारणों से भी झांइयों की समस्या उत्पन्न हो जाती है। शराब, धूम्रपान का इस्तेमाल करना, लंबे समय तक दवाइयों का सेवन करना, नींद की गोलियों का सेवन भी झांइयों की समस्या का कारण बन सकती है।

अत्यधिक गहरा मेकअप, बार-बार ब्लीच करवाना, तेज धूप में अधिक घूमना, सस्ते व तेज रासायनिक पदार्थ वाले सौंदर्य प्रसाधन का इस्तेमाल करना, रूज, फाउंडेशन, हेयर डाई का नियमित प्रयोग करने से भी चेहरे पर झांइयों की समस्या उत्पन्न हो जाती है।

✦ झांइयां होने का प्रमुख कारण लापरवाही है वह चाहे पौष्टिक भोजन लेने में हो या चेहरे के रख-रखाव में।

✦ अधिक पुराने सौंदर्य प्रसाधनों के इस्तेमाल से भी झांइयां होती है।

इन बातों पर ध्यान दें

✦ तेज धूप में निकलने से बचें। यदि निकलना आवश्यक हो, तो छतरी लेकर निकलें।

✦ तनाव मुक्त रहें, हमेशा प्रसन्नचित्त रहें, खुलकर हंसें।

✦ देर रात्रि तक जागरण न करें। भरपूर नींद लें। सुबह जल्दी उठें।

✦ गहरा मेकअप न करें। रात्रि में सोते समय मेकअप अवश्य उतार दें।

✦ चेहरे पर झांइयां होने पर हेयर डाई का इस्तेमाल करने वालों को कुछ समय के लिए बालों में डाई लगाना बंद कर देना चाहिए।

✦ चेहरे पर झांइयां होने पर रक्त की जांच करवाएं। रक्त में हीमोग्लोबिन की कमी होने पर डॉक्टर की सलाह पर आयरन की गोलियों का सेवन करें।

✦ दिन-भर में 10-15 गिलास पानी अवश्य पिएं। पानी त्वचा की शुष्कता (ड्रायनेस) को दूर करता है।

✦ चेहरे को बार-बार ब्लीच न करवाएं। अधिक ब्लीचिंग करने से झांइयां पड़ जाती हैं। जब भी ब्लीचिंग करवाएं, तो इसके बाद फेशियल अवश्य करवाएं, ताकि ब्लीचिंग के कारण उत्पन्न हुई शुष्कता से स्किन बर्न (त्वचा का जल जाना) की समस्या उत्पन्न न हो।

✦ चेहरे पर झांइयां होने पर ब्लीच नहीं करवाना चाहिए, इससे झांइयां अधिक बढ़ जाती हैं।

- दूसरों की सौंदर्य सामग्री का उपयोग न करें। इससे त्वचा पर इंफेक्शन होने का भय रहता है।

- अधिक पुराने सौंदर्य प्रसाधनों के प्रयोग से बचें।

- अपने भोजन में विटामिन ए, विटामिन इ, प्रोटीनयुक्त खाद्य पदार्थ अवश्य शामिल करें।

- चेहरे व गर्दन की स्वच्छता व देखभाल का पूरा ध्यान रखें।

झांइयां दूर करने के उपाय

- आधा चम्मच शहद में 4-5 बूंद सिरका मिलाकर झांइयों पर लगाएं। शहद में मैग्नेशियम, कैल्शियम, बीटा कैरीओस्टेटिक आदि तत्त्व पाए जाते हैं, तथा सिरके में पाए जाने वाले तत्त्व चेहरे पर उत्पन्न हुए दाग-धब्बों और झांइयों को साफ कर देते हैं। यह प्रयोग सप्ताह में दो बार करें।

- आधा चम्मच चंदन, आधा चम्मच हलदी और थोड़ी सी केसर मिलाकर दूध में पेस्ट बना लें। इसे नियमित रूप से लगाने से झांइयां मिट जाती हैं। हलदी में पाए जाने वाले तत्त्व त्वचा को मुलायम व चिकनी बनाते हैं। हलदी रक्तशोधक व कीटाणुनाशक भी होती है। इसमें पाए जाने वाले खनिज पदार्थ, मैग्नीशियम, कॉपर, जिंक त्वचा पर उत्पन्न झांइयों को साफ करते हैं। चंदन त्वचा को ठंडक प्रदान करता है। केसर त्वचा को मुलायम बनाती है व रंगत प्रदान करती है। इस प्रयोग को नियमित करने से झांइयां दूर होती हैं तथा त्वचा साफ व उजली बनती है।

- एक चम्मच खीरे का रस, एक चम्मच गाजर का रस, एक चम्मच टमाटर का रस अच्छी प्रकार मिलाकर नियमित रूप से झांइयों पर लगाने से झांइयां दूर होती हैं। खीरा, गाजर और टमाटर में पाए जाने वाले तत्त्व अच्छे ब्लीच का काम करते हैं। इनमें पाया जाने वाला ए.एच.ए. (एल्फा हाइड्रोक्सी एसिड) दाग-धब्बों और झांइयों को दूर करता है।

- संतरे के छिलके का पाउडर एक चम्मच, इसमें आवश्यकतानुसार गुलाबजल मिलाकर पेस्ट बना लें। इसे झांइयों पर लगाएं। संतरे में विटामिन 'ए', 'बी-2', आयरन, फास्फोरस, कॉपर, प्रोटीन फॉलिक एसिड, सोडियम, कैल्शियम पर्याप्त मात्रा में पाए जाते हैं। संतरे और गुलाबजल में पाए जाने वाले तत्त्व झांइयों को दूर करते हैं तथा त्वचा को कोमल व आकर्षक बनाते हैं।
- पके पपीते के स्लाइज को झांइयों पर रगड़ने से झांइयों की समस्या दूर होती है। पपीते में पाए जाने वाले एंजाइम त्वचा पर प्रभाव डालकर झांइयों को दूर करते हैं। ये तत्त्व मृत कोशिकाओं को भी हटाते हैं तथा त्वचा को पोषण भी देते हैं। पपीते का उपरोक्त विधि के अनुसार नियमित इस्तेमाल करने से त्वचा साफ, सुंदर, मुलायम और दाग रहित बनती है।
- एक चम्मच मूली के रस में आधा चम्मच शहद मिलाकर चेहरे की झांइयों पर लगाने से झांइयां दूर हो जाती हैं। मूली में विटामिन 'ए', 'बी', 'सी', कैल्शियम, फास्फोरस, आयरन आदि तथा शहद में पाए जाने वाले सूक्रोज, ग्लूकोज, फ्रक्टोज आदि तत्त्व झांइयां और दाग-धब्बों को दूर करते हैं। यह त्वचा की कोशिकाओं को ऊर्जा व पोषण भी देते हैं। इस प्रयोग के नियमित इस्तेमाल करने से चेहरा सुंदर, मुलायम और आकर्षक बनता है।
- शहद, नींबू, कच्चा दूध समान मात्र में मिलाकर झांइयों पर लगाएं। 30 मिनट बाद धो दें।
- एक बड़ा चम्मच मुल्तानी मिट्टी तील बड़े चम्मच संतरे के छिलकों का पाउडर आवश्यकतानुसार खीरे का रस मिलाकर चेहरे पर लगाएं। सूखने पर ठण्डे पानी से धो लें।
- आंवले और नीबू का रस बराबर मात्रा में चेहरे और गर्दन पर मालिश करने से चेहरे की झांईयां धीरे-धीरे मिट जाती हैं और चेहरे का रंग भी साफ हो जाता है।
- तुलसी की पत्तियों का रस कच्चे नारियल के साथ पीसकर चेहरे पर लेप करने से झाइयों दूर हो जाती है।

खुले रोम छिद्र

त्वचा की उचित देखभाल न करने से कई प्रकार की समस्याएं उत्पन्न हो जाती हैं। इन समस्याओं में खुले रोम छिद्र की समस्या भी है। त्वचा की तैलीय ग्रंथियों के अधिक सक्रिय होने की वजह से रोम छिद्रों में चिकनाई जमा हो जाती है। लगातार चिकनाई जमा होने से त्वचा मोटी हो जाती है, जिससे रोम छिद्रों का प्राकृतिक लचीलापन समाप्त हो जाता है और रोम छिद्र फैल जाते हैं।

खुले रोम छिद्र होने के कारण

त्वचा की सही ढंग से सफाई न करना, पेट में चयापचय की प्रक्रिया में खराबी होना, भोजन में अधिक मात्रा में तेल व वसा का इस्तेमाल करना, बार-बार मेकअप सामग्री का बदलना, रात्रि में मेकअप साफ किए बिना ही सो जाना, चेहरे पर काफी मोटा मेकअप करना, चेहरे पर अधिक मात्रा में टेलकम पाउडर या फेस पाउडर की परत लगाकर रखना आदि कारणों से रोम छिद्रों में फैलाव आ जाता है।

इन बातों पर ध्यान दें

✦ रोम छिद्रों को बड़े होने से रोकने के लिए सबसे पहले जरूरी है कि रोम छिद्रों में चिकनाई जमने ही न दें। इसके लिए त्वचा की उचित सफाई करें।

✦ फेस पाउडर, टेलकम पाउडर का इस्तेमाल कम करें।

✦ रात को सोने के पहले मेकअप अवश्य साफ करें, जिससे त्वचा को आवश्यक ऑक्सीजन मिलती रहे।

- वसा व तैलीय चीजों का अधिक इस्तेमाल न करें। इससे तैलीय ग्रंथियां अधिक सक्रिय हो जाती हैं और रोम-कूपों में रुकावट पैदा कर देती हैं।
- जब भी बाहर से आएं, चेहरे को ठंडे पानी से अच्छी तरह धोएं। इसके बाद दूध या गुलाबजल में रुई का फाहा भिगोकर चेहरे को भली-भांति साफ करें। इससे चेहरे पर जमी धूल, मिट्टी तथा तैलीय पदार्थ अच्छी तरह साफ हो जाते हैं।
- गहरा व गाढ़ा मेकअप न करें। इसकी वजह से त्वचा को पर्याप्त मात्रा में ऑक्सीजन नहीं मिल पाती है।
- रोम छिद्रों की चिकनाई को दबाकर न निकालें। इससे वहां गड्ढे हो जाते हैं तथा इंफेक्शन होने का भय रहता है।

खुले रोम छिद्रों को कम करने के उपाय

- एक चम्मच सिरके में चार चम्मच पानी मिलाकर रुई के फाहे से चेहरे के खुले रोम छिद्रों पर लगाएं। इसका ब्लीचिंग इफेक्ट त्वचा की गहराई तक साफ करता है। सिरका अच्छे किस्म का एस्ट्रिजेंट है, जो खुले रोम छिद्रों को कम करता है।
- बर्फ का क्यूब लेकर चेहरे पर रगड़ें। इससे खुले रोम छिद्र कम होते हैं। बर्फ मांसपेशियों में संकोच उत्पन्न कर रक्त प्रवाह को बढ़ाकर रोम छिद्रों को बंद करने में मददगार होती है।
- आधे कप गुनगुने पानी में चौथाई चम्मच फिटकिरी मिलाकर रुई के फाहे से चेहरे पर लगाएं। फिटकिरी का ब्लीचिंग इफेक्ट त्वचा की गहराई तक सफाई करता है। इसका एस्ट्रिजेंट गुण रोम छिद्रों को कम करता है।
- अंडे का सफेद वाला हिस्सा लेकर चेहरे पर लगाएं। 15 मिनट बाद ठंडे पानी से चेहरे को अच्छी प्रकार धो लें। अंडे में पाए जाने वाले तत्त्व त्वचा की अच्छी तरह सफाई करते हैं तथा खुले रोम छिद्रों को कम करने में सहायक होते हैं।

✦ एक चम्मच जौ या मक्का का आटा लें। गरम पानी में पेस्ट बना लें। इस पेस्ट को चेहरे पर लगाएं। सूखने पर ठंडे पानी से धो लें। जौ तथा मक्का में पाए जाने वाले तत्त्व त्वचा की अच्छी तरह सफाई करते हैं। खुले रोम छिद्रों को कम करते हैं एवं त्वचा को प्राकृतिक स्निग्धता प्रदान करते हैं।

✦ दो चम्मच खीरे को कद्दूकस करके, उसमें चार-पांच बूंद नीबू का रस मिलाकर चेहरे पर लगाएं। पंद्रह मिनट बाद चेहरे को ठंडे पानी से साफ करें। खीरा और नीबू में पाए जाने वाले तत्त्व खुले रोम छिद्रों को बंद करने में सहायक होते हैं।

डबल चिन

डबल चिन यानी दोहरी ठोड़ी चेहरे के आकर्षण को नष्ट कर देती है और इसके कारण पूरा व्यक्तित्व प्रभावहीन नजर आता है। डबल चिन की समस्या उत्पन्न होने पर परेशान होने की बजाय धैर्यपूर्वक इस समस्या के उत्पन्न होने के कारण का पता लगाकर, इसे दूर करने के उपाय करने चाहिए। मोटापा बढ़ने के साथ-साथ ठोड़ी के नीचे मांस भी बढ़ जाता है, जिसे दोहरी ठोड़ी या डबलचिन कहा जाता है। डबल चिन देखने में बहुत भद्दी लगती है और सौंदर्य में कमी लाती है।

डबल चिन की समस्या उत्पन्न होने के कारण

✦ मोटापा इसका मुख्य कारण है। शरीर पर मोटापे की परत बढ़ने पर डबल चिन की समस्या उत्पन्न हो जाती है।

✦ सिर को अधिक लटकाकर या झुकाकर चलना।

✦ अधिक ऊंचा तकिया का इस्तेमाल करना।

✦ ठोड़ी के नीचे की त्वचा को खींचने की बुरी आदत होना।

✦ गलत तरीके से मालिश करने से भी डबल चिन की समस्या उत्पन्न हो जाती है।

डबल चिन की समस्या से बचने के उपाय

✦ मोटापे से बचें। इसके लिए अधिक वसायुक्त व चिकनाई वाले पदार्थों का इस्तेमाल न करें।

✦ सिर को अधिक लटकाकर या झुकाकर न चलें।

- ✦ बिना तकिया लगाए सोएं। इससे शुरू-शुरू में परेशानी तो होगी, परंतु धीरे-धीरे आदत पड़ जाएगी।

- ✦ ठोड़ी खींचने की आदत से बचें।

- ✦ एक चम्मच मलाई और आधा चम्मच जैतून का तेल मिलाकर अच्छी तरह फेंट लें। सप्ताह में दो बार इसे ठोड़ी के आस-पास नीचे गरदन तक लगाकर अच्छी तरह मालिश करें।

- ✦ एक चम्मच ग्लिसरीन में एक चम्मच मलाई को मिलाकर फेंट लें। इससे सप्ताह में एक बार ठोड़ी पर मालिश करें। मालिश करते समय अपने दोनों हाथों की उंगलियों को ठोड़ी से गरदन की ओर ले जाएं। हाथ के पंजों को ठोड़ी के दोनों ओर तेजी से नीचे से ऊपर की ओर ले जाएं। ध्यान रहे कि मालिश सधे हाथों से की जाए।

- ✦ नियमित रूप से व्यायाम व योगाभ्यास करें। 'भुजंगासन' - योग-मुद्रा अपनाकर डबलचिन की समस्या स्थायी से मुक्ति पाई जा सकती है।

- ✦ मालिश हमेशा किसी कुशल व दक्ष व्यक्ति से करवाएं।

- ✦ डबल चिन के शिकार व्यक्ति को सोते समय तकिये का उपयोग बंद कर देना चाहिए।

सौंदर्य के लिए स्नान

स्नान स्वास्थ्य के लिए ही नहीं, सौंदर्य के लिए भी जरूरी है। इससे शरीर की धूल, मिट्टी, पसीने की चिपचिपाहट, दुर्गंध आदि दूर हो जाती है। स्नान से शरीर का रक्त संचार बढ़ता है जिससे शरीर में चुस्ती-फुर्ती आती है। शरीर के रोम-कूप अच्छी तरह से खुल जाते हैं और शरीर की गंदगी बाहर निकल जाती है व शरीर तरोताजा हो जाता है। स्नान से मानसिक तनाव भी दूर होता है। स्नान व्यक्ति के लिए इसलिए भी आवश्यक है क्योंकि हमारी त्वचा खासतौर की बनी हुई है। सामान्य पुरुष अथवा महिलाओं की त्वचा में लगभग तीस लाख त्वचा के नीचे रहने वाली मिष्ट पदार्थ की ग्रंथियां तथा 20 लाख तेल की ग्रंथियां होती हैं। इन ग्रंथियों का मुख्य कार्य शरीर की गंदगी को बाहर निकालना तथा त्वचा को सूखने से और झुर्री पड़ने से बचाना होता है। सोचिए कि 50 लाख ग्रंथियां निरंतर काम करेंगी तो चौबीस घंटे के बाद त्वचा पर कितना मैल जमा हो जाएगा। इसलिए नियमित तथा वैज्ञानिक तरीके से स्नान किये बगैर आप त्वचा को साफ नहीं कर सकते। स्नान से न केवल त्वचा की ही सफाई होती है बल्कि यह शरीर और दिमाग की थकान मिटा कर आपको तरोताजा और चुस्त भी बनाता है। स्नान के कई प्रकार हैं :

- **ठंडे पानी से स्नान :** ठंडे पानी से स्नान करने से शरीर में स्फूर्ति आती है व त्वचा सुंदर व चमकदार बनती है। शारीरिक थकान, तनाव व बेचैनी दूर होती है। त्वचा की मृत कोशिकाएं अच्छी तरह से हट जाती हैं। त्वचा की कोशिकाओं में रक्त संचार तेजी से होने लगता है। त्वचा कोमल व कांतिवान बनती है। गर्मी के दिनों में ठंडे पानी से दो वक्त का स्नान शरीर में नई ताजगी लाता है।

- **गरम पानी से स्नान :** ठंड के दिनों में गुनगुने पानी से किया गया स्नान, शरीर में स्फूर्ति लाता है। शरीर की थकान को दूर करता है तथा गुनगने पानी का स्नान, शरीर की चर्बी को भी कम करता है। गर्म जल से स्नान त्वचा के असंख्य छिद्रो को साफ करने में सहायक होता है गर्म पानी से स्नान रक्तचाप को कम करने से भी सहायक होता है। हमारी मांसपेशियां स्फुरित हो जाती हैं। इससे शारीरिक और मानसिक तनाव कम हो जाता है।

- **तेलयुक्त स्नान :** स्नान के पहले शरीर पर जैतून, नारियल या सरसों के तेल की मालिश करके ठंडे पानी से स्नान किया जाए, तो त्वचा स्वस्थ, कोमल व कांतिवान बनती है। तेल की मालिश के बाद गुनगुने पानी से स्नान करने से थकान और मोटापा दूर होता है।

- **नमक मिले पानी से स्नान :** एक बाल्टी पानी में आठ-दस चम्मच नमक मिलाकर पानी को नमकीन कर लें। इस पानी से स्नान करने से शरीर की मृत कोशिकाएं (डेड सेल) अच्छी तरह से निकल जाती हैं। शरीर की थकान भी शीघ्र उतर जाती है और पसीने की दुर्गंध भी अच्छी तरह से निकल जाती है।

- **स्टीम बाथ (भाप स्नान) :** यह स्नान का एक विशेष तरीका है। यह शरीर के लिए काफी फायदेमंद होता है। स्टीम बाथ से शरीर में अनोखी ताजगी आती है। शरीर की अनावश्यक चर्बी कम होती है और हाथ-पैर का दर्द, सूजन व थकान भी दूर होती है। स्टीम बाथ पंद्रह दिन में एक बार कर सकते हैं।

घर पर स्टीम बाथ कैसे लें

एक बड़े बर्तन या टब में खौलता हुआ गरम पानी लें। इसे रस्सी की चारपाई के नीचे रख दें (चारपाई के ऊपर कुछ न रखें)। कमरे की सभी खिड़कियां और दरवाजा बंद कर दें। अब सारे कपड़े उतार कर चारपाई पर लेट जाएं। ऊपर से एक पतली चादर ओढ़ लें। थोड़ी देर में भाप से सारा शरीर गीला हो जाएगा। 10-15 मिनट तक भाप लें। इससे शरीर के रोम-कूप अच्छी तरह से खुल जाएंगे। उनमें से पसीना निकलने लगेगा। इसके बाद टावेल से सारे शरीर को अच्छी तरह से पोछ लें और थोड़ी देर बाद ठंडे पानी से स्नान कर लें।

✦ **टब स्नान :** आदमकद साइज के टब में मौसम के अनुरूप ठंडा या गरम पानी भरकर उसमें लेटकर स्नान करें। टब स्नान से स्फूर्ति व ताजगी आती है तथा शरीर का निचला हिस्सा अच्छी तरह से साफ हो जाता है। गर्भावस्था के बाद नमकीन पानी से टब स्नान करने से पेट की झुर्रियां कम होती हैं।

✦ **शॉवर बाथ (फव्वारा स्नान) :** यह सौंदर्य के लिए अच्छा स्नान है। इस स्नान में पानी का फौआरा शरीर के विभिन्न अंगों पर डालें। तेज पानी के फौआरा शरीर पर पड़ने से शरीर की कोशिकाओं में रक्त संचार तेजी से होने लगता है, जिससे त्वचा दमकने लगती है। शॉवर बाथ बालों के लिए भी काफी लाभदायक होता है। इससे बाल सुंदर व मजबूत बनते हैं।

✦ **स्पंज स्नान :** अंग विशेष को किसी गीले कपड़े या स्पंज से साफ करने की क्रिया को स्पंज स्नान कहा जाता है। स्पंज स्नान द्वारा गरदन, कोहनी, पीठ, पैर के घुटनों को साफ कर, सुंदर बनाया जा सकता है।

इन बातों का ध्यान रखें

✦ अधिक गरम पानी से स्नान न करें। अधिक गरम पानी त्वचा, बाल तथा स्वास्थ्य को हानि पहुंचाता है।

- शरीर को अच्छी तरह मल-मलकर नहाएं। इससे त्वचा की मृत कोशिकाएं अच्छी तरह से निकल जाती हैं तथा कोशिकाओं में रक्त संचार तेजी से होने लगता है, जिससे त्वचा दमकने लगती है।

- पानी में गुलाबजल, नीबू का रस या कच्चा दूध मिलाकर स्नान करने से त्वचा और अधिक सुंदर व कोमल बनती है तथा पसीने की दुर्गंध भी अच्छी तरह से दूर हो जाती है।

- स्नान के पहले शरीर पर हलदी का लेप करने से त्वचा में नई चमक आ जाती है।

- स्नान के वक्त साबुन से मैल दूर करने की बजाय बेसन, आटा, सूजी आदि से त्वचा को साफ करना अधिक अच्छा होता है।

- सप्ताह में एक बार सारे शरीर पर उबटन लगाने के बाद स्नान करें, तो त्वचा और अधिक सुंदर बनती है।

- स्नान के बाद रोएंदार टॉवेल से थपथपाकर शरीर को सुखाएं।

- शरीर के अंदरूनी हिस्से, उंगलियों के बीच व कान को भी अच्छी तरह से सुखा लें। इन हिस्सों को अच्छी तरह से न सुखाने पर संक्रमण होने का भय रहता है।

- नहाने के जल में सुगंधित द्रव्य या जड़ी-बूटियां (काट-पीट कर किसी पारदर्शक कपड़े की पोटली में बांधकर) मिला देने से त्वचा को पोषक तत्त्व मिलते हैं।

- नहाने के बाद तौलिये से अधिक पौंछना ठीक नहीं । इसी प्रकार त्वचा को साबुन या पत्थर से अधिक रगड़ने से हम मैल और गंदगी के हटाने के साथ त्वचा की प्राकृतिक चिकनाई भी हटा देते हैं।

- सर्दियों में नहाने के पानी में कुछ बूंदे बादाम रोगन या किसी भी वनस्पति तेल की डालना ठीक रहता है।

- एक बाल्टी पानी में लगभग बीस औंस दूध डालकर स्नान करना त्वचा के लिए लाभदायक होता है।

✦ स्नान के बाद शरीर भली प्रकार सूखने पर ही वस्त्र पहने अन्यथा त्वचा-रोग (खुजली आदि) होने की आशंका रहेगी।

✦ मैल आदि साफ करने के लिए नहाते समय कास्टिक सोड़ा आदि तेज वस्तुओं का प्रयोग भूलकर भी नहीं करें। इनसे आपकी त्वचा का स्थायी नुकसान हो सकता है।

उबटन

हमारे शरीर की त्वचा की सतह के नीचे, लाखों-करोड़ों कोशिकाओं की नई परत बनती रहती है और पुरानी मृत कोशिकाएं झड़ती रहती हैं। मृत कोशिकाओं को झड़ जाने में तीन-चार सप्ताह का समय लगता है। बढ़ती उम्र के साथ-साथ मृत कोशिकाओं का झड़ना धीमा पड़ जाता है। मृत कोशिकाओं की परत यदि समय से त्वचा से अलग नहीं हो पाती है, तो यह त्वचा पर जम जाती है। ऐसे में त्वचा बेजान व धुंधली दिखाई देने लगती है। रंग भी फीका दिखाई देने लगता है। इसके अलावा त्वचा की नमी तथा तैलीयता बनाए रखने की शक्ति भी कम हो जाती है। नमी और तैलीयता के अभाव में त्वचा पर झुर्रियां उभर आती हैं। जब कोशिकाओं को फैलने की जगह नहीं मिलती है, तब ये मृत कोशिकाओं के इर्द-गिर्द जमा होकर मुंहासे का रूप धारण कर लेती हैं। ऐसे में त्वचा की नियमित सफाई के साथ-साथ उबटन का प्रयोग किया जाए, तो त्वचा के सौंदर्य तथा लावण्यता को सुरक्षित रखा जा सकता है।

उबटन मृत कोशिकाओं को हटाकर स्वस्थ कोशिकाओं का निर्माण कर, त्वचा को जवान बनाए रखने की सामर्थ्य प्रदान करता है। उबटन झुर्रियों को दूर करने में प्रभावकारी कार्य करता है। उबटन से त्वचा के छिद्र कस जाते हैं। त्वचा के रक्त संचार में सुधार होता है और चेहरा दमकने लगता है। उबटन का नियमित उपयोग करने से रंग-रूप में कई गुना निखार आता है। यह शरीर के कमजोर अवांछित बाल निकालने में भी सहायक होता है। उबटन त्वचा के लिए सर्वोत्तम टॉनिक भी है।

खूबसूरत चेहरा हर व्यक्ति को अपनी ओर आकृष्ट करता है। सौंदर्य व्यक्तित्त्व का अभिन्न अंग है। आधुनिक युग में सौंदर्य प्रसाधनों में हानिकारक रसायनों का ज्यादा प्रयोग होने लगा है, जो त्वचा का नुकसान

पहुंचाते हैं। उबटन के प्रयोग से त्वचा की देखभाल आसानी से की जा सकती है।

इन बातों पर ध्यान दें

✦ उबटन लगाने से पहले चेहरे को अच्छी तरह साफ कर लें। इसके बाद मलाई या मक्खन लगाकर, हलके हाथों से चेहरे की मालिश करें।

✦ मालिश करने के बाद चेहरे पर भाप लें। भाप लेने के लिए उबलते पानी के भगौने के सामने चेहरे को झुकाकर रखें। अब टावेल या चादर से सिर को ढक लें। भाप लेने से त्वचा के रोम छिद्र अच्छी तरह से खुल जाते हैं, जिससे उबटन का लाभ और अधिक मिलता है।

✦ सप्ताह में एक बार उबटन लगाने से काम चल जाता है।

✦ स्नान के कम-से-कम आधा घंटे पहले उबटन लगाएं।

✦ उबटन लगाने के बाद धूप में न जाएं। इससे त्वचा काली होने का भय रहता है।

✦ उबटन लगाने के बाद बातचीत न करें। न ही कोई काम करें, इससे चेहरे पर लगे उबटन का सही लाभ नहीं मिलता है।

✦ उबटन सूखने के बाद रगड़कर बत्तियां बनाते हुए उतारें। उबटन उतारते समय ध्यान रखें कि उबटन हाथ से नीचे से ऊपर की ओर, अंदर से बाहर की ओर मालिश करते हुए छुड़ाएं।

✦ उबटन उतारने के बाद, चेहरे को ठंडे पानी से अच्छी तरह से साफ कर लें। चेहरे को साफ करने के लिए किसी प्रकार के साबुन, लिक्विड सोप आदि का इस्तेमाल न करें। न ही किसी प्रकार की क्रीम लगाएं।

✦ उबटन ज्यादा देर तक लगाए न रखें। इससे त्वचा रूखी हो जाती है और झुर्रियां पड़ने की सम्भावना बढ़ जाती है।

✦ उबटन का चयन अपनी त्वचा की प्रकृति के अनुरूप करें।

✦ उबटन उतारते समय ध्यान रखे, त्वचा को ज्यादा जोर से न खींचे। धीरे-धीरे मालिश करते हुए उबटन को उतारें।

विभिन्न प्रकार के उबटन

✦ **मूंग की दाल का उबटन :** एक चम्मच मूंग की दाल, एक चम्मच चनें की दाल लेकर कुछ देर के लिए पानी में भिगो दें। इसके बाद उसे अच्छी तरह से पीस लें। अब इसमें आधा चम्मच हलदी, दो-तीन बूंद बादाम रोगन और जरा-सी जायफल घिसकर मिलाएं। अच्छी तरह फेंटकर चेहरे और हाथों पर लगाएं। इससे त्वचा पर अद्भुत निखार आता है।

✦ **मसूर की दाल का उबटन :** आधा कप दूध में दो चम्मच मसूर की दाल, 4-5 चिरौंजी, एक बादाम डालकर रातभर भीगने के लिए रख दें। सुबह उठकर सभी को अच्छी तरह पीस लें। इसे चेहरे, गरदन, हाथ व पैर पर लगाएं। इससे चेहरे के दाग तथा अनावश्यक रोम दूर होते हैं।

✦ **चावल का उबटन :** दो चम्मच चावल को आधे कप दूध में भिगोकर रखें। थोड़ी देर बाद अच्छी तरह पीस लें। इसमें आधा चम्मच जैतून का तेल मिलाकर चेहरे व गरदन पर लगाएं। यह चेहरे व गरदन की झुर्रियां तथा कालेपन को दूर करता है।

✦ **जौ के आटे का उबटन :** चार चम्मच जौ का आटा लें। इसमें मट्ठा डालकर पेस्ट बना लें। इसे हाथों, पैरों, चेहरे और गरदन पर लगाएं। इससे त्वचा साफ व उजली होती है।

✦ **सरसों का उबटन :** चार चम्मच सरसों को दही में अच्छी प्रकार पीस लें। इसे हाथ-पैर की त्वचा पर लगाएं। इससे त्वचा के फटने व खुश्की की समस्या दूर होती है।

✦ **गुलाब का उबटन :** एक कप गुलाब की पंखुड़ियों को कच्चे दूध में अच्छी तरह पीस लें। इसमें एक चम्मच पिसे हुए तिल मिलाकर पेस्ट बना लें। इस पेस्ट को चेहरे पर लगाएं, इससे चेहरा दमकने लगेगा।

◆ **शहद और बादाम का उबटन :** दो बादामों को रात को दूध में भिगोकर रख दें। सुबह बादामों को छीलकर पीस लें। इसमें आधा चम्मच शहद एक चम्मच मिल्क पाउडर मिलाकर पेस्ट बना लें, (आवश्यकता होने पर इसमें दूध मिला लें)। इस पेस्ट को चेहरे और गरदन पर लगाएं। यह पेस्ट त्वचा को साफ, मुलायम और सुंदर बनाता है।

◆ **नीम व चंदन का उबटन :** नीम की कोमल पत्तियों का बारीक पेस्ट दो चम्मच, दो चम्मच चंदन का चूरा (पाउडर), एक चम्मच बेसन, आधी चम्मच हलदी, एक चम्मच दही मिलाकर अच्छी प्रकार फेंट लें (आवश्यकता हो, तो दही और मिलाया जा सकता है)। इसे चेहरे, हाथों, पैरों, गरदन और पीठ पर लगाएं। इससे त्वचा कोमल और कांतिवान बनती है।

◆ **छुहारे का उबटन :** दो छुहारे व एक बादाम को रात-भर के लिए दूध में भिगोकर रखें। सुबह बादाम को छीलकर छुहारे के साथ पीस लें। इसमें दो चम्मच गेहूं का आटा, 3-4 बूंद बादाम रोगन मिलाकर आवश्यकतानुसार दूध मिलाकर पेस्ट बना लें। इस पेस्ट को अच्छी तरह फेंटकर चेहरे और गरदन पर लगाएं। यह त्वचा को साफ, सुंदर और मुलायम बनाता है।

◆ **चंदन और मुलतानी मिट्टी का उबटन :** एक चम्मच चंदन का चूरा (पाउडर), दो चम्मच मुलतानी मिट्टी, एक चम्मच तुलसी के पत्तों का पेस्ट, एक चम्मच नीम के पत्तों का पेस्ट, एक चम्मच पीली सरसों का पेस्ट, एक चम्मच जामुन की गुठली का पेस्ट (जामुन की गुठली को छीलकर घिस लें), एक चम्मच आम की गुठली का पेस्ट (आम की गुठली को छीलकर घिस लें), एक चम्मच गेहूं का आटा लें। सभी को आवश्यकतानुसार दूध में मिलाकर पेस्ट बना लें। इसे चेहरे, गरदन और पीठ पर लगाएं। यह हर प्रकार के दाग-धब्बों, कील-मुंहासों और झांइयों को दूर करता है।

◆ **चिरौंजी का उबटन :** एक चम्मच चिरौंजी को रात-भर दूध में भिगोकर रख दें। सुबह अच्छी तरह से पीस लें। इसमें 3-4 बूंदें नीबू

का रस मिलाएं। इसे चेहरे, पीठ और गरदन पर लगाएं। इससे कील मुंहासे व झांइयां दूर होते हैं। यह दाग-धब्बों को भी दूर करता है।

✦ पपीते के छिलकों को छाया में सुखाकर महीन पीस लें। इसमें ग्लिसरीन व गुलाबजल मिलाकर चेहरे पर लगाएं। चेहरे के दाग धब्बे दूर होंगे दूर होंगे और त्वचा चिकनी व मुलायम हो जाएगी।

✦ दो चम्मच मुल्तानी मिट्टी पाउडर एक चम्मच जैतून का तेल व एक चम्मच गुलाबजल मिलाकर चेहरे पर लगाएं। पूरा सूखने से पहले धो लें।

✦ सूखी डबलरोटी के सूखे किनारे तोड़कर रात को दूध में भिगो दें। सुबह इस मिश्रण में शहद मिलाकर चेहरे पर मलें। चेहरा गुलाब की तरह खिल उठेगा, रंग तो निखरेगा ही।

स्वर को मधुर बनाएं

सौंदर्य कितना भी प्रभावी क्यों न हो, यदि मुंह से निकलने वाली आवाज भद्दी, कर्कश, अस्पष्ट, तीखी है, तो रूप का सारा प्रभाव समाप्त हो जाता है। व्यक्तित्व को आकर्षक व प्रभावशाली बनाने के लिए स्वर की भी महत्त्वपूर्ण भूमिका होती है। चरित्र व स्वभाव स्वर में झलकता है। अधिकतर लोगों की धारणा है कि स्वर को सुधारा नहीं जा सकता है। यह धारणा गलत है। थोड़े-से अभ्यास व अपनी आदतों में सुधार लाकर स्वर को मधुर बनाया जा सकता है। कहा जाता है कि आवाज व्यक्तित्त्व का आईना होती है। मधुर व स्पष्ट आवाज बरबस ही दूसरों को अपनी ओर आकर्षित करती है, वहीं अस्पष्ट, कर्कश व तीखी आवाज सुनने वाले के मन में खीज पैदा करती है।

अंग्रेजी साहित्य के प्रसिद्ध कवि लार्ड बायरन ने कहा है "किसी के हृदय को बींधने के लिए कामदेव के तरकश में सबसे तीखा व मधुर तीर है किसी की प्यारी मीठी आवाज।"

इन बातों का ध्यान रखें

- स्वर-माधुर्य को अक्षुण्ण बनाए रखने के लिए भरपूर नींद लेना आवश्यक है।
- धूम्रपान, पान मसाला, नशीले पदार्थ स्वर तंत्र को नुकसान पहुंचाते है, इसलिए इनका सेवन न करें।
- अधिक चिल्लाकर बोलना या लगातार तेज स्वर में बात करने से स्वर तंत्र (वोकल काडी) पर जोर पड़ता है, जिससे आवाज की मधुरता खत्म हो जाती है।

- मानसिक तनाव, चिंता, क्रोध, भय, लज्जा, चिड़-चिड़ेपन की वजह से भी स्वर खराब हो जाता है।

- बात-बात में आवेश करना, दूसरों को तुच्छ समझना, खुद को महान समझना, अधिक रोना, अपशब्दों का बातचीत में प्रयोग करने से भी वाणी पर कुप्रभाव पड़ता है।

- अधिक खट्टी, मीठी, कड़वी, तीखी, ठंडी या गरम चीजें खाने से भी गले की तंत्रिकाएं प्रभावित होती हैं। इसका प्रत्यक्ष प्रभाव वाणी पर पड़ता है।

- नाक से शब्दों का उच्चारण करना, दांत पीसकर बात करना, होंठों को टेढ़ा-मेढ़ा करके बोलने से भी स्वर में मधुरता नहीं रहती है।

- यात्रा के दौरान ज्यादा बातचीत करने से भी स्वर तंत्रिकाएं प्रभावित होती हैं।

- शब्दों को स्पष्ट, लय के साथ, शुद्ध उच्चारण में बोलें। उच्चारण को सुधारने के लिए टी.वी. व रेडियो के उद्घोषकों को ध्यान से सुनें। समाचार पत्र का शुद्ध उच्चारण के साथ वाचन करें।

- बोलते वक्त अपनी आवाज, अपने उच्चारण, बोलने की गति व स्वर की गति पर ध्यान दें। इससे आप अपनी आवाज की कमियों को जान पाएगें।

- सुबह-सुबह ताजी हवा में गहरी-गहरी सांसे लें। इससे फेफड़े शक्तिशाली होते हैं और आवाज स्पष्ट और प्रवाभशाली।

- प्रतिदिन अपनी पसंद का एक गाना गुनगुनाइए। सही उतार-चढ़ाव व लय में गाने का अभ्यास करें। इससे स्वर मधुर होगा।

- अपने मनपसंद नेता, अभिनेता की आवाज को ध्यान से सुनें। स्वर के उतार-चढ़ाव और विराम पर ध्यान दें और उसकी नकल करें। इससे आपकी आवाज आकर्षक व प्रभावशाली होगी।

अचानक गला बैठने या स्वर भारी होने पर क्या करें

✦ एक गिलास गुनगुने पानी में एक चम्मच आयोडिन युक्त नमक और चुटकी-भर हलदी डालकर सुबह-शाम गरारे करने से गले में अचानक आया भारीपन दूर होता है, व स्वर स्पष्ट हो जाता है। नमक मृत कोशिकाओं को निकालता है। हलदी अच्छे किस्म की एंटी बॉयटिक है, जो गले के अंदर की कोशिकाओं में जमने वाले जीवाणुओं को खत्म कर देती है।

✦ चार चम्मच पिसी हुई काली मिर्च, चार चम्मच पिसी हुई मिसरी लेकर दोनों को अच्छी प्रकार मिला लें। इसमें से आधा चम्मच चूर्ण, एक चम्मच शहद के साथ मिलाकर चाटें। इससे गले की खराश दूर होगी और आवाज भी साफ होती है। काली मिर्च में पाए जाने वाले तत्त्व मारियो पायलीन, पीपरीडीन गले की खराश को दूर कर देते हैं। शहद का एंटीबॉयटिक गुण गले को साफ करता है।

✦ सूखे अदरक का चूर्ण एक चम्मच, काली मिर्च एक चम्मच, सूखे तुलसी के पत्ते का चूर्ण एक चम्मच, दो चम्मच मिसरी अच्छी प्रकार मिला लें। इसमें से आधा चम्मच चूर्ण लेकर सुबह-शाम चूसें। इससे आवाज का भारीपन दूर होता है तथा स्वर मधुर बनते हैं। काली मिर्च, अदरक, तुलसी के पत्ते तथा मिसरी में पाए जाने वाले तत्त्व वोकल कार्ड की कोशिकाओं को प्रभावित कर गले के भारीपन को दूर कर देते हैं।

✦ ठंड लगकर या जुकाम की वजह से गले में खराश होने पर एक गिलास गुनगुने पानी में एक चम्मच नमक डालकर दिन में दो-तीन बार गरारे करें। नमक के तत्त्व गले में हुए इंफेक्शन तथा कोशिकाओं में आई सूजन को दूर कर देते हैं, जिससे स्वर स्पष्ट हो जाता है।

✦ अदरक की गांठ को अन्दर से खोखला करके उसमें थोड़ा-सा सैंधा नमक, हींग व काली मिर्च का चूर्ण भर दें। फिर उस पर आटा लपेट कर आग में डाल दें। जब आटा जल जाए तो निकाल कर आवरण को हटा दें और अदरक को कुचल लें। इसके मिश्रण को धीरे-धीरे करके चूसें।

- एक गिलास पानी में आधा ग्राम हींग डालकर गरम करें। इस पानी से गरारे करें।
- शहद और प्याज का रस समान मात्रा में मिलाकर हल्का गर्म करके धीरे-धीरे पिएं।

सौंदर्य के शत्रु मुंहासे

वैसे तो व्यक्तित्त्व निर्माण में पूरी देह-यष्टि का ही महत्व है, किन्तु सुन्दर सलोने चेहरे की अहमियत कुछ ज्यादा ही है। ऐसे में यदि चेहरे पर मुंहासे या पिंपल निकल आएं तो चिंतित होना स्वाभाविक है, यह समस्या मूलतः 13 से 20 वर्षों के आयु वर्ग के किशोर किशोरियों की समस्या है। गालों, नाक, ललाट, ठोढ़ी आदि स्थानों पर छोटे-छोटे दानों के रूप में उभर कर आने वाले मुंहासे सौंदर्य के शत्रु हैं।

किशोरावस्था में होने वाले रासायनिक और हारमोनल परिवर्तनों के अलावा मुंहासे पेट की खराबी, कब्ज, अधिक गरिष्ठ भोजन और त्वचा की साफ-सफाई में लापरवाही रखने से भी होते हैं। सस्ते और घटिया किस्म के सौंदर्य-प्रसाधनों का प्रयोग, रक्त-विकार, मासिक चक्र में अनियमितता, अधिक मात्रा में भोजन जैसे कारण भी मुहांसों की उत्पत्ति के लिए उत्तरदायी हैं।

इन बातों का ध्यान रखें

- पाचनतंत्र को सक्रिय रखें तथा कब्ज से बचें।
- तली हुई खाद्य सामग्री पूरी, समोसा, कचौरी, पकौड़े आदि कम से कम मात्र में उपयोग में लें। भोजन में हरी सब्जियां, फल और सलाद आदि की मात्र बढ़ाएं।
- चेहरे की त्वचा की नियमित रूप से सफाई करें। सप्ताह में एक बार भाप लेकर रोम-छिद्र खोलें।
- मेकअप के बाद रात मे सोने से पूर्व चेहरे को अच्छी तरह साफ करें।

✦ समय व परिस्थितियों के समायोजन से मुंहासे स्वतः दूर हो जाते है। खून की कमी, कब्ज और मासिक धर्म की अनियमितताओं के कारण होने वाले मुंहासे मूल रोग के निवारण से दूर हो जाते हैं।

✦ मुंहासों से बचाव के लिए संतुलित भोजन, नियमित दिनचर्या, शारीरिक व्यायाम के साथ तनाव-मुक्त जीवन-शैली का भी अपना महत्व है।

✦ दिन में तीन बार शीतल जल से चेहरे को अच्छी तरह धोएं व साबुन का प्रयोग कम करें।

✦ विटामिन 'ए' की प्राप्ति के लिए गाजर, आम पालक आदि प्राकृतिक अवयवो का उपयोग करें।

✦ मुंहासो को कभी भी नाखून से खुरचकर नहीं निकालें अन्यथा चेहरे पर दाग पड़ सकते हैं।

मुंहासे दूर करने के उपाय

✦ रात को सोने से पूर्व मलाई में नींबू का रस मिलाकर चेहरे पर मलिए। प्रातः ठंडे पानी से अच्छी तरह चेहरा धो डालें।

✦ जायफल को गाय के कच्चे दूध में घिसकर दिन में तीन-चार बार मुंहासों पर लगाएं।

✦ संतरों के सूखे छिलकों का पाउडर में नींबू का रस मिलाकर चेहरे पर उबटन करने से मुंहासे दूर हो जाते हैं।

✦ छुआरे की गुठली को महीन पीसकर सिरके में मिलाकर पेस्ट बना लें तथा इसे मुंहासो पर लगाएं।

✦ गुलाब जल में नींबू का रस मिलाकर मुंहासों पर लगाएं।

✦ नीबू के रस और ग्लिसरीन का मिश्रण चेहरे पर लगाने से भी मुंहासे दूर होते हैं।

✦ मसूर की दाल को इतने पानी में डालकर भिगोएं कि वह उस पानी को सोख लें, फिर उस दाल को पीसकर दूध में मिला लें तथा दिन में दो बार इसे चेहरे पर लगाएं। इससे मुंहासे व मुंहासो के दाग दूर हो जाते है।

- बीस काली मिर्च गुलाब-जल में पीस कर चेहरे पर लगाएं तथा प्रातः गर्म पानी से चेहरा धो लें।

- पच्चीस ग्राम अजवाईन को महीन पीसकर दही में मिलाकर रात को सोते समय मुंहासो पर लगाएं। सुबह गर्म पानी से चेहरा धो लें। मुंहासे दूर होंगे।

- चेहरे को भाप से साफ करने के बाद मुंहासों को साफ रूई से दबाकर निकाल दें। भाप के कारण त्वचा मुलायम होती है और रोम-छिद्र खुल जाते है। मुंहासों का निकालने के बाद चेहरा खीरे के रस अथवा बर्फ के पानी से धो लें ताकि त्वचा में हुए छिद्र को बंद किया जा सके।

- चंदन को महीन पीसकर प्रतिदिन प्रातःकाल उस पेस्ट को मुंहासों पर लगाएं।

- मुंहासो से बहुत अधिक हो और बड़े-बड़े हों तो रात को सिरके में कलौंजी पीसकर उसे मुंहासों पर लगा लें तथा सुबह उठकर ठंडे पानी से धो लें।